Marília Pereira Bueno Millan

Tempo e subjetividade no mundo contemporâneo

Ressonâncias na clínica psicanalítica

Casa do Psicólogo®

© 2002, 2010 Casapsi Livraria e Editora Ltda.
É proibida a reprodução total ou parcial desta publicação, para qualquer finalidade, sem autorização por escrito dos editores.

1ª Edição
2002

2ª Edição
2010

1ª Reimpressão
2011

Editores
Ingo Bernd Güntert e Silésia Delphino Tosi

Produção Gráfica & Editoração Eletrônica
Renata Vieira Nunes

Revisão Gráfica
Silvia Fernanda Bovino

Escultura da Capa
Ricardo Nascimento

Capa
Maria de Lourdes Balieiro

Dados Internacionais de Catalogação na Publicação (CIP)
(Câmara Brasileira do Livro, SP, Brasil)

Millan, Marília Pereira Bueno
  Tempo e subjetividade no mundo contemporâneo : ressonâncias na clínica psicanalítica / Marília Pereira Bueno Millan. -- São Paulo : Casa do Psicólogo®, 2011.

  1ª reimpr. da 2. ed. de 2010
  Bibliografia.
  ISBN 978-85-62553-45-5

  1. Psicanálise 2. Psicologia clínica 3. Subjetividade 4. Tempo - Aspectos psicológicos I. Título.

11-03845   CDD-150.195

Índice para catálogo sistemático:
1. Tempo e psicanálise : Psicologia 150.195

Impresso no Brasil
Printed in Brazil

As opiniões expressas neste livro, bem como seu conteúdo, são de responsabilidade de seus autores, não necessariamente correspondendo ao ponto de vista da editora.

Reservados todos os direitos de publicação em Língua Portuguesa à

 Casapsi Livraria e Editora Ltda.
Rua Santo Antônio, 1010
Jardim México • CEP 13253-400
Itatiba/SP – Brasil
Tel. Fax: (11) 4524-6997
www.casadopsicologo.com.br

Dedico este trabalho a Luiz e Laís, que me mostraram os encantos do tempo: o brilho do passado, a intensidade do presente e a esperança do futuro.

AGRADECIMENTOS

A Luiz Roberto Millan, companheiro de todas as horas, que tanto me incentivou e ajudou na realização deste trabalho, com suas idéias, sugestões e preciosas críticas.

À Profª Drª Maria Lygia Quartim de Moraes, pela disponibilidade, carinho e atenção com que, tantas vezes, me ouviu, ajudando-me a lidar com o universo acadêmico.

Ao Prof. Dr. Paulo Vaz de Arruda, pelas aulas, pela sabedoria e por sua dedicação permanente.

Aos meus pais, que sempre acreditaram em mim e não mediram esforços para que eu me tornasse a profissional que sou hoje.

A Laís, que, pacientemente, suportou as minhas ausências.

Ao Dr. Antonio Luiz Serpa Pessanha, amigo e ex-analista, que me ensinou a alçar o meu próprio vôo.

Aos amigos José Vilson dos Anjos (*in memorian*) e Tânia Cociuffo, pelo convite que veio selar meu ingresso na vida acadêmica, preparando o terreno para a realização deste estudo.

A Maria Cristina Triguero Veloz Teixeira, que, com sua inteligência e habilidade, deu contribuições fundamentais para o bom desenvolvimento deste trabalho.

À Profª Drª Elisa Maria Parahyba Campos, minha orientadora, que me recebeu com afeto e sempre confiou no meu trabalho.

A Akiko Ishy Kondo, que, com sua doçura, acompanhou cada etapa deste trabalho, digitando-o quantas vezes fosse preciso.

À Profª Drª Kátia Bueno Romanelli, pelo entusiasmo com que leu este trabalho e pela competência com que o revisou.

A Laura Faro, exímia tradutora, que passou o resumo para o inglês.

À grande amiga Mariza Lopes Ribeiro, pela amizade de tantos anos e pelo interesse constante em contribuir para este trabalho.

Aos meus pacientes, que confiaram em mim e me proporcionaram tão ricas experiências e fecundas reflexões.

Aos meus alunos, com quem aprendo o ofício de ensinar.

SUMÁRIO

APRESENTAÇÃO – Maria Lygia Quartim de Moraes 1

I – INTRODUÇÃO 3

II – CONTRIBUIÇÕES DE DIFERENTES ÁREAS DO
CONHECIMENTO 13
    O TEMPO NA FILOSOFIA – NOTAS HISTÓRICAS 13
    O TEMPO NA FÍSICA 32
    DA IDADE MÉDIA À PÓS-MODERNIDADE 46
    A PSICONEUROFISIOLOGIA DA TEMPORALIDADE 68
    O TEMPO E A PSICANÁLISE 74

III – CASOS CLÍNICOS 101
    DEPRESSÃO E INTERNET 101
    DELETANDO A PERDA 105
    REJUVENESCER A QUALQUER CUSTO 108

IV – DISCUSSÃO 115

V – CONSIDERAÇÕES FINAIS 127

VI – REFERÊNCIAS BIBLIOGRÁFICAS 129

APRESENTAÇÃO

Tempo e subjetividade no mundo contemporâneo – Ressonâncias na clínica psicanalítica, de Marília Pereira Bueno Millan, é uma preciosa contribuição para pensarmos os desafios de enfrentar nossa temporalidade ante as contradições de nossa época. Apresentada como dissertação de mestrado ao Instituto de Psicologia da Universidade de São Paulo, foi considerada pela banca examinadora como apta a se transformar em tese de doutoramento, dadas a maturidade intelectual de sua autora e a qualidade de suas reflexões.

Há que se destacar, inicialmente, o rigor do trabalho de Marília. Transitando com muito sucesso por diversas áreas das ciências humanas e das ciências da natureza, ela nos convida a refletir sobre a polissemia do conceito tempo. Após percorrer diferentes concepções produzidas pela filosofia e pela física, a autora acentua a relação entre tempo e história e a contribuição de Dilthey (1822-1911) e sua *consciência histórica*. O homem está na história, tem história e também é história.

As nossas experiências são determinadas por um complexo conjunto de fatores que tornam infinitas as possibilidades dentro de um tempo biológico inexorável. O trabalho de Marília ajuda-nos a pensar o conjunto de circunstâncias que afetam nossa experiência subjetiva de tempo. A modernidade, impulsionada pelo ritmo das máquinas e do dinheiro, determina um ritmo desenfreado às nossas atividades. Há um empobrecimento das experiências subjetivas e a imposição de um tempo objetivo do relógio de ponto.

O "projeto" existencial contemporâneo foi reduzido à luta insana contra os efeitos da temporalidade. Não é apenas a proposta de consumir cada vez mais; é consumir através da exigência da perfeição física, por exemplo, procurando evitar a passagem do tempo. O prolongamento da vida pela neurobiologia e pela biotecnologia fala desse afã de viver, de prolongar o tempo.

Assim, reconhecemos nos sintomas e discursos das pacientes analisadas por Marília as nossas próprias (vãs) tentativas de negar as perdas e o sofrimento. Paula, fugindo das dores de uma separação afetiva; Clara, regressiva e infeliz, paralisada numa história familiar sufocante, e Sara, obcecada pela busca do eterno rejuvenescimento, são nossas conhecidas. Todas essas histórias clínicas remetem à universalidade desses sintomas na contemporaneidade.

Freud sempre foi parcimonioso com respeito às chances de felicidade da humanidade. Afinal, podemos perder tudo e todos os que mais amamos – por motivos que vão do abandono voluntário à doença incurável ou à morte. Morremos um pouco na perda dos nossos objetos de amor. Temos de conviver permanentemente com a possibilidade da perda. A cura da psicanálise implica viver o tempo da dor e respeitar o tempo do luto.

Ora, se as conquistas técnicas produzem como resultado positivo o incremento da esperança de vida, cabe a nós usufruí-la com maturidade. Porque somos mortais é que a vida vale a pena ser vivida, afirma Simone de Beauvoir, no seu antológico romance *Todos os homens são mortais*. O texto faz-nos refletir sobre as angústias de nossa condição mortal. Enfrentar com lucidez a fugacidade da vida, assumir a responsabilidade de nossas escolhas e os limites de nossas possibilidades é um processo que nos toma a vida toda.

Mas o livro é, antes de mais nada, um convite e uma proposta de vida. Porque ama a vida, Marília, não obstante suas críticas e reservas com o presente, tem esperanças no futuro.

São Paulo, agosto de 2002.
Maria Lygia Quartim de Moraes

I – Introdução

Segundo *Aurélio-Ferreira* (1986), o vocábulo "tempo" origina-se do latim *(tempus)* e pode ser assim definido:

A sucessão dos anos, dos dias, das horas, etc., que envolve, para o homem, a noção do presente, passado e futuro: o curso do tempo; o tempo é um meio contínuo e indefinido no qual os acontecimentos parecem suceder-se em momentos irreversíveis; (...) (Ferreira, 1986, p. 1660).

O tempo pode ser também definido como a noção fundamental concebida como um meio infinito no qual os acontecimentos se sucedem: situar uma história no tempo ou, então, a medida de duração dos fenômenos (Larousse Cultural, 1998, p. 5633).

Iniciamos este trabalho apresentando duas definições básicas de nosso objeto de estudo: o tempo. Apesar de claras e bastante precisas, tais definições abrigam pontos polêmicos que permearam as discussões filosóficas desde a Antigüidade: o tempo é sucessão e/ou duração? É infinito ou finito? Aponta em direção à irreversibilidade? Existe independentemente de nossa subjetividade?

São essas algumas das muitas perguntas que tantos homens se fizeram e cujas respostas, longe de encerrarem as discussões, alimentam novas formulações sobre o tema, o que, sem dúvida, é rico e fecundo, mas revela a complexidade do assunto.

O fato de termos finalizado mais um século de nossa história torna este momento especialmente propício para refletir a respeito da qualidade do existir humano.

Talvez o mais impressionante legado destes últimos cem anos seja a enorme quantidade de descobertas feitas nos campos tecnológico e científico. Segundo *Marcondes Filho* (1998), vivemos hoje mudanças culturais profundas, desencadeadas pelos novos recursos tecnológicos, cujas conseqüências já podem ser constatadas:

> O quadro que hoje temos é de uma mudança cultural profunda, provocada pelo novo instrumental social das tecnologias, cujas reverberações se fazem sentir no declínio do interesse conceitual em favor do investimento na imagem, nos ícones da tela do computador; no novo conceito de tempo, já não mais cíclico, nem analógico, mas simulado, um tempo próprio da máquina, diferente dos que até então conhecíamos... (p. 8).

Do início do século passado até hoje, muitas mudanças ocorreram na vida dos indivíduos no tocante ao contato com a natureza e às relações interpessoais. Da charrete passamos ao automóvel; da carta ao *e-mail*; do arquivo ao computador, e assim por diante. Fundamentalmente, a tecnologia de que dispomos hoje interfere de maneira direta em nossa relação com o tempo, na medida em que pretende, em última instância, reduzir o intervalo entre o aparecimento de uma necessidade e o encontro com o objeto de sua satisfação.

Todas essas transformações promoveram importantes alterações nos paradigmas do espaço e do tempo. Daí a idéia de refletir sobre o tempo.

Abordaremos o tema sob dois vértices: o tempo objetivo, compartilhado, medido pelos relógios, calendários e ciclos da natureza; e o tempo subjetivo, cuja experiência e medida dependem da história de vida, do funcionamento mental e da cultura em que cada sujeito está inserido.

Pretendemos tratar dessas duas vertentes aproveitando as contribuições da Filosofia, da Física, da Psicanálise e da Literatura, por meio do testemunho vivo dos poetas, para, num segundo momento, investigar as relações que nós, humanos, estabelecemos com o mundo em que vivemos hoje.

Indagações sobre o que estamos fazendo com o tempo e por que, via de regra, não o percebemos, despertaram nosso interesse pelo assunto. Tentaremos refletir sobre de que forma o desenvolvimento tecnológico e o modo de vida nas grandes metrópoles, que resultam na dicotomização do tempo, influenciam a experiência subjetiva com este. Pelbart (1996) traduz, de maneira primorosa, esta nova relação com o tempo:

> Não vivemos mais um tempo que passa, segundo o modelo clássico da sucessão linear, cronológica, homogênea, mas um tempo instantâneo e contínuo, sem espessura. Tempo da inércia do instante, como tão bem o analisou Virilio. É uma espécie de parada do tempo, sua imobilização, sua fixação no presente, no presente da informática ou da televisão, ou da telecomunicação. Um presente hipnótico que elimina qualquer passado ou futuro. Na verdade é a maneira astuciosa com que na pós-modernidade atribuiu-se uma imortalidade terrena, abolindo o tempo e sua dimensão estrangeira, construindo uma eternidade sem tempo, sem dimensões temporais, confirmando a potência de estranhamento do tempo. O não-tempo tecnológico e o não-tempo absolutista ressoam entre si (p. 51).

Encarando, entretanto, a pós-modernidade de outro ponto de vista, pode-se pensar que é justamente a enxurrada de informações, a pluralidade de idéias, a convivência de vários estilos de vida e o próprio fenômeno da globalização que enriquecem, instigam e exigem decifração. O tempo que se vive hoje não é homogêneo; vários tempos coexistem, do mais antigo ao recém-acontecido. São matizes contraditórios que animam o espírito a, no mínimo, conhecê-los (Bosi, 1996).

Diante dessas constatações, podemos levantar as seguintes questões:

- Se estamos vivendo o primado do instante, o que dizer de nossa subjetividade?
- Será que sobra espaço-tempo para pensarmos e elaborarmos nossas experiências?
- O que dizer do tempo psíquico ante o tempo virtual?
- Como estamos elaborando as rápidas e constantes transformações desencadeadas pelos avanços tecnológicos e científicos?
- Neste cenário pós-moderno, quem são os nossos pacientes e quais são suas questões?

Borges fala do tempo como um problema essencial, já que nossa consciência está continuamente passando de um estado a outro, e isto é o tempo: uma sucessão. Afirma que, se este problema capital fosse resolvido, tudo o mais estaria solucionado. No entanto, diz que "felizmente não há nenhum perigo de que ele se resolva, ou seja, permaneceremos sempre ansiosos" (Borges, 1996, p. 42).

É justamente a ansiedade para pensar no tempo sem qualquer pretensão de resolver esse enigma que nos motiva, estimula a pensar sobre o assunto, no sentido de suscitar novas indagações sobre o tema, uma vez que se perguntar sobre o tempo é revelar a ignorância que em tantos séculos não conseguimos debelar (Borges, 1996).

Santo Agostinho foi um dos muitos pensadores a interessar-se pelo problema do tempo. Sua célebre frase: "O que é o tempo? Se não me perguntam, eu sei. Se me perguntam, eu ignoro", já reiterava o caráter obscuro e fugidio inerente ao tempo e a seu estudo (Santo Agostinho, 1999, p. 322).

É interessante observar aqui como o estudo toma a coloração do próprio objeto estudado. Começar a pensar o tempo é, simultaneamente, vê-lo aparecer e desaparecer, graças à sua característica de ser o que não é mais e o que ainda poderá ser. Nesse sentido, se não podemos isolar o tempo como um objeto para ser estudado, precisamos conhecer as maneiras que encontramos para apreendê-lo e, paralelamente, como nos relacionamos com ele ou nos defendemos dele.

Bachelard (1994), mencionando Pierre Janet, afirma que o tempo aparece como obstáculo, se dele nos defendemos na duração vazia, ou como auxílio, se dele nos utilizamos no instante realizador. Do ponto de vista psicológico, evidencia-se aqui a duplicidade de comportamento diante dos fenômenos temporais: o ser ora perde, ora ganha no tempo; a consciência pode nele se realizar ou nele se dissolver.

Muito se escreveu a respeito da experiência subjetiva com o tempo, uma vez que, tanto na Filosofia quanto na Física, se acreditava que o tempo era uma criação humana. O filósofo, de sua parte, supôs, após Santo Agostinho, que o tempo não existe fora da alma: passado, presente e futuro somente existem para a consciência. O ser humano projetaria no mundo a distinção entre o que foi, é e será, para dar sentido à sua condição de ser mortal. O físico moderno, por sua vez, privilegiou os movimentos simples e reversíveis da mecânica, despojando a natureza de todo movimento e transformação. Contrastando com a existência efêmera dos seres vivos, a matéria imutável e perene parecia subsistir fora do âmbito temporal. As equações da Física (clássica, relativista e quântica) são reversíveis e imunes ao fator tempo, isto é, permanecem invariáveis se invertermos +t por -t. Isso reafirma a idéia de que o tempo não existe de maneira tangível (Piettre, 1997). Entretanto, nas últimas décadas, surgiu uma nova ciência, a física dos processos do não-equilíbrio, que estuda os processos dissipativos, caracterizados pela unidirecionalidade do tempo. Outro desenvolvimento fundamental, que ajudou a repensar a questão do tempo, foi o dos sistemas dinâmicos instáveis. Se a ciência clássica privilegiava a ordem e a estabilidade, os estudos atuais apontam no sentido das flutuações e da instabilidade inerentes aos diversos fenômenos do universo. É patente o caráter irreversível da maioria dos processos que ocorrem na natureza, ao passo que a reversibilidade é mais uma idealização do que a realidade em si. Assim, deve-se, por exemplo, negligenciar a fricção para considerar como reversível o movimento do pêndulo.

Considerando essas novas tendências de pensamento, não é mais possível acreditar que fomos nós os criadores da flecha do tempo; somos, na realidade, frutos dela. Talvez seja mais natural supor que o nascimento do nosso universo tenha sido apenas um dos muitos eventos ocorridos na história do cosmo, o que, por si só, confere a este cosmo um tempo anterior ao do surgimento de nosso universo. Dessa forma, o tempo não teria começo nem fim (Prigogine, 1996).

Levando em conta essas idéias, podemos definir o tempo do universo da seguinte forma: seu presente configura-se em um estado atual de sua expansão; seu futuro caracteriza-se por aquilo que se situa além de sua expansão, ou seja, um espaço ainda inexistente; seu passado é o espaço do mundo constituído, que mantém em nós a ilusão de sua eternidade, por meio da luz que ainda recebemos dele. A flecha do tempo atravessa o real na medida em que este, em sua inevitável imprevisibilidade, está sempre por vir e jamais é idêntico ao ser presente (Piettre, 1997).

É interessante observar que, depois de muitos anos afastadas, a Filosofia e a Física voltam a se aproximar ao abordar a questão do tempo de maneira convergente. Piettre, como filósofo, e Prigogine, como físico, consideram, hoje, a existência do tempo independentemente da experiência subjetiva que o ser humano venha a ter com ele.

Em seus primórdios, tanto a Física quanto a Filosofia partiram para a construção do conhecimento do que era imóvel e imutável na realidade da natureza e do universo. O conhecimento clássico baseava-se na certeza de seus fundamentos confirmados na ordem da natureza, na separação de seus objetivos de estudo e na lógica dedutiva-identitária.

A proposta que emerge neste fim de século é a de que não há mais um fundamento único para o conhecimento, já que vivemos em um universo onde caos, desordens e eventualidades apontam para as incertezas. Nessa linha, não se pode falar em objetos fechados, separados; é preciso contextualizar o conhecimento num sistema global em que há constante interação. Parte e todo influenciam-se mutuamente. A complexidade assume o lugar da totalidade (Morin, 1997).

Essa tendência generalista e, paradoxalmente, especializadora (a complexidade não permite desconsiderar nem o todo nem as partes) levou-nos a repensar como se poderia discorrer sobre o tempo sob essa nova ótica. Aos poucos, percebemos que abordar um fenômeno tão complexo como o tempo sem considerar várias facetas de sua existência e natureza seria simplificar o complexo, isolar a parte do todo, perder de vista o aspecto dialógico do fenômeno. Embora correndo o risco de parecermos pretensiosos ou superficiais, ficando expostos a possíveis críticas dos especialistas, resolvemos navegar por outras áreas do conhecimento, que não a Psicologia e a Psicanálise, com o intuito de trazer contribuições estrangeiras que nos ajudem a meditar sobre o assunto e crescer.

As ciências humanas parecem empobrecidas, refletindo velhas fórmulas, sem saber como se conectar às fontes verificadoras (as ciências) nem às fontes fornecedoras do conhecimento cotidiano (a mídia). A ciência exata, por sua vez, graças a seus princípios, métodos e estrutura, mantém-se enrijecida, sem condições de ponderar sobre si mesma. A mídia, por fim, ocupa-se apenas da cobertura de tantos fatos do dia-a-dia, priorizando a novidade acima de tudo, e, assim, acaba oferecendo escassos e frágeis meios de reflexão (Morin, 1997). Em nome de uma especialização que poderia gerar conhecimentos mais profundos (e de fato gerou), parece ter-se operado um isolamento e uma ruptura entre as várias áreas do conhecimento do homem e do universo.

Assim, pretendemos aproveitar contribuições de várias áreas do conhecimento humano que discutiram e estão discutindo a questão do tempo e integrá-las à experiência clínica psicanalítica.

Para sempre é sempre por um triz.
Chico Buarque e Edu Lobo (1982)

II – CONTRIBUIÇÕES DE DIFERENTES ÁREAS DO CONHECIMENTO

O TEMPO NA FILOSOFIA – NOTAS HISTÓRICAS

Por que abordar o tempo na Filosofia se nos estamos propondo a examinar a experiência subjetiva com o tempo sob a vertente psicanalítica? Não será arriscado e temerário embrenhar-nos em território tão vasto, complexo e, acima de tudo, estrangeiro? Aceitos os possíveis riscos, que método utilizar para empreender tal aventura do conhecimento, dado que não somos especialistas na área?

Questões como essas repercutiram incessantemente, quando a idéia deste capítulo a nós se apresentou. Em decorrência delas, outras indagações surgiram: como não falar da Filosofia se foi a partir dela que os outros saberes humanos se foram constituindo? Será que abordar o tempo destituído das muitas reflexões filosóficas feitas a seu respeito não seria reduzir ou mesmo negar sua complexidade? Escrever sobre algo tão controverso como o tempo não é por si só uma empresa arriscada e ambiciosa?

Jaspers, em 1950, disse que o homem não pode passar sem a Filosofia. Ela está sempre presente e em toda parte: nos provérbios, na sabedoria popular, na história dos mitos... Portanto, não se escapa à Filosofia. Além de permear todo o saber humano sobre o mundo, sobre as coisas, sobre ele mesmo e sobre os outros homens, ela é a matriz de todo esse conhecimento (Marías, 1959).

Indagar-se e assombrar-se diante das coisas é uma atitude filosófica. Em lugar de agir, utilizar, gozar ou recear as coisas, o homem é capaz de colocar-se de fora e de estranhar-se, perguntando-se: "O que é isto?". Aqui começa a Filosofia (Aristóteles *apud* Marías, 1959).

Pretendemos, a partir do nosso "assombro" diante do mundo pós-moderno, refletir a respeito do que estamos fazendo com o tempo. Configura-se aqui nossa atitude filosófica. Entretanto, sabendo de nossas limitações diante de um campo específico como a Filosofia, optamos, por intermédio da história da Filosofia, por apresentar um esboço das principais idéias dos filósofos que se dedicaram especialmente à questão do tempo. Sendo assim, visamos oferecer uma visão panorâmica e ilustrativa que, absolutamente, não se pretende completa ou ideal.

CONTRIBUIÇÕES DA FILOSOFIA GREGA

A filosofia grega parte de indagações sobre a natureza, sobre tudo aquilo que circunda o homem. O filósofo pré-socrático pergunta-se a respeito do movimento, da variação das coisas do mundo e da natureza.

Parmênides, nascido no fim do século V a.C., é considerado o filósofo mais importante dos pré-socráticos, na medida em que institui o tema e método próprios da Filosofia – a Metafísica e a Ontologia. Não tomará, simplesmente, as coisas como tema, mas as coisas enquanto são, ou seja, como entes. Os entes possuem predicados que contradizem o acontecer das coisas do mundo. O problema que se coloca é o do ser e o do não-ser: "O ser é, e não é possível que não seja. Jamais se poderá fazer que o ser não seja ou que seja o não-ser... Ele é todo inteiro no presente" (Parmênides *apud* Piettre, 1997, p. 31). Aqui se pode apreender o sentido do tempo intrinsecamente vinculado ao sentido do ser: se este é definido como uno, imóvel, indestrutível e não gerado, então se encontra fora do tempo e da sucessão. O ser, em sua eterna imutabilidade, não admite nem passado nem futuro; somente o eterno e imutável presente. Torna-se claro que passado e futuro são negações do ser, que, por sua vez, só pode ter expressão verdadeira no presente (Mondolfo, 1968).

Heráclito, sucessor de Parmênides, foi praticamente seu contemporâneo. Suas reflexões também giram em torno do ser e do não-ser. Aqui nos interessa sobretudo o tema da realidade como fluxo permanente e eterno. O mundo é mudança permanente de todas as coisas, um eterno devir. O movimento está impresso em todas as coisas; nada permanece idêntico a si mesmo: "... não podemos entrar duas vezes no mesmo rio porque suas águas não são as mesmas e nós não somos os mesmos" (Heráclito *apud* Chauí, 1994, p. 67).

Dessa forma, a noção de passagem do tempo aparece imbricada na noção de movimento e mudança. O homem, por fazer parte do mundo, está sujeito ao devir, à fluidez própria das coisas. Entretanto, junto a esse ser transitório, existe igualmente um ser eterno e imortal, que deve ser descoberto, pois se constitui no que é realmente verdadeiro. Podemos dizer que a filosofia de Heráclito é uma tentativa de interpretar o movimento como mutação contínua, sem, no entanto, desconsiderar o caráter uno e imortal do verdadeiro ser, o que vem reafirmar a metafísica de Parmênides (Marías, 1959).

Até aqui temos uma idéia de tempo relacionada ao movimento, por um lado, e à imobilidade, por outro. A qualidade do ser é a imobilidade, a perenidade, ou seja, existe e permanece apesar do tempo. A fluidez, o movimento e a dinâmica pertencem ao mundo real, às coisas da natureza. Parmênides dedicou-se a conhecer as qualidades do verdadeiro ser. Heráclito deteve-se nas flutuações das coisas do mundo. Nem por isso discordavam; apenas estudaram mais profundamente questões diferentes.

O ser verdadeiro que se buscava desde Parmênides só foi descoberto com a filosofia platônica. Platão (428 a.C.-348 a.C.), em busca do princípio de identidade e permanência dos entes, conclui serem as idéias a base do conhecimento e apreensão das coisas como realmente são. As idéias são eternas e precisam ser buscadas pelos homens – a verdade preexiste (Marías, 1959). Postula a existência de dois mundos: um inteligível, onde habitam as idéias (verdades) eternas e imutáveis, e outro sensível, ao qual pertencem todas as coisas da natureza regidas, por sua vez, pelo tempo. Em sua obra, Timeu, *define o tempo como sendo a "imagem móvel da eternidade". Isso significa que o tempo é apenas reflexo e não realidade; tem mobilidade e imita a perene eternidade (Platão* apud *Piettre, 1997).*

Como observou *Bruni* (1989), a eternidade era para Platão a própria negação ou ausência do tempo. O que tinha valor era eterno; o tempo aparecia como desqualificado – o que se move, o que passa não era tido como o mais importante. O homem deveria buscar a verdade imutável e eterna presente no mundo inteligível.

Em seguida, surge *Aristóteles* (384 a.C.-322 a.C.), que confere à filosofia grega plena maturidade. Se Platão descobre as idéias, Aristóteles utiliza-as para compreender as coisas. Entre as inúmeras e profundas contribuições legadas à Filosofia, Aristóteles assim definiu o tempo: "é o número do movimento segundo o antes e o depois" (Aristóteles *apud* Marías, 1959, p. 93). Privilegia o aspecto matemático do tempo – é a medida do movimento. E o que seria esse movimento?

Piettre (1997) explica com clareza a idéia de movimento utilizada por Aristóteles. Esse deve ser definido a partir:
- do lugar: deslocamento, translação e rotação;
- da qualidade: alteração da cor, da aparência, etc.;
- da quantidade: aumento e diminuição do tamanho, do peso, etc.;
- da essência: geração e corrupção; o nascimento e a morte.

Retomando a definição de Aristóteles, podemos dizer que o tempo é a medida matemática da(s) mudança(s) ocorrida(s) entre dois instantes estabelecidos arbitrariamente. Entretanto, é importante lembrar que o movimento por excelência é aquele, eterno e regular, realizado pelo sol em torno da Terra – "é a medida uniforme de todos os outros movimentos" (Piettre, 1997, p. 19). Isso não significa que o tempo seja esse movimento astronômico, pois há vários outros movimentos astronômicos que podem servir de referência. O tempo advém do espírito humano e baseia-se no movimento astronômico. Além disso, "o tempo é o mesmo, em todo lugar e para todos os homens" (Aristóteles apud Piettre, 1997, p. 21). Essa idéia teve legitimidade até o surgimento da Teoria da Relatividade de Einstein, que abordaremos no próximo capítulo.

Aristóteles deixa questões a serem repensadas quando cria um círculo vicioso entre tempo e movimento: se o tempo mede o movimento entre o antes e o depois, ou, dito de outra forma, se o tempo é a medida de mudanças ocorridas no tempo (o anterior e o posterior são noções temporais), então o tempo mede o tempo? (Piettre, 1997)

São os neoplatônicos que notam essa dificuldade, particularmente Plotino (séc. III d.C.), seu maior expoente. Segundo o filósofo, o tempo mede uma "grandeza de tempo percorrido por um corpo em movimento" (Plotino apud Piettre, 1997, p. 26). Isso significa que não é propriamente o movimento que é medido, mas a duração na qual o movimento ocorre. Afirma que não é preciso que o tempo seja medido para ganhar existência; tudo tem a sua duração, independentemente das medidas.

A noção da existência de dois mundos, que vigorava desde Platão, mantém-se com Plotino. Este fala de um mundo sensível que, por sua imperfeição, corre incessantemente em direção ao futuro, como se buscasse complementar-se e tornar-se perfeito. Plotino quase prepara a filosofia de Santo Agostinho, quando afirma que somente quando a alma consegue desapegar-se do mundo sensível temporal, libertando-se das inquietações do presente, dos lamentos pelo passado e das preocupações para com o futuro, é que estará em pleno contato com o Um (Deus) e usufruindo a eternidade (ausência do tempo).

A FILOSOFIA DE SANTO AGOSTINHO

Percorrendo a história da filosofia, chegamos até *Santo Agostinho* (354-430), um dos principais estudiosos do tempo. Entretanto, antes de abordar nosso tema, é necessário assinalar a grande importância que teve Santo Agostinho para a história do pensamento ocidental. *Marías* (1959) diz que Santo Agostinho foi "o último homem antigo e o primeiro homem moderno" (p. 132). De um lado, traz consigo profundas influências helênicas e, por outro, inaugura a era moderna com algo extremamente característico dessa época: a intimidade. Parte de suas próprias experiências de vida interior para desenvolver sua teoria filosófica de base cristã. Sua análise da questão temporal perpassa as coisas do mundo que se transformam (indagação da filosofia grega) e a interioridade da alma de cada ser humano (filosofia cristã). O tempo foi criado por Deus para vigorar no mundo dos homens, enquanto a eternidade é prerrogativa divina.

> Efetivamente fostes Vós que criastes esse mesmo tempo, nem ele podia decorrer antes de o criardes! Porém, se antes da criação do céu e da terra não havia tempo, para que perguntar o que fazíeis então? Não podia haver "então" onde não havia tempo. Não é no tempo que Vós precedeis o tempo, pois, de outro modo, não seríeis anterior a todos os tempos. Precedeis, porém, todo o passado, alteando-Vos sobre ele com a Vossa eternidade sempre presente. Dominais todo o futuro porque está ainda para vir. Quando ele chegar, já será pretérito. Vós, pelo contrário, permaneceis sempre o mesmo, e os Vossos anos não morrem (Santo Agostinho, 1999, p. 321).

Em suas reflexões, propõe-se a demonstrar que o tempo só tem existência no espírito humano. A passagem do tempo, do passado para o futuro, é vivida pela alma e, como tal, é uma espécie de dilatação, relaxamento ou expansão da alma que está afastada, pelo pecado, da presença divina.

Mas talvez fosse próprio dizer que os tempos são três: presente das coisas passadas, presente das presentes, presente das futuras. Existem, pois, estes três tempos na minha mente que não vejo em outra parte: lembrança presente das coisas passadas, visão presente das coisas presentes e esperança presente das coisas futuras (Santo Agostinho, 1999, p. 328).

A existência do tempo, a não ser para o espírito, conduz à conclusão de que é a alma que determina a duração de um acontecimento. Assim, a medida do tempo nada mais é do que uma certa duração vivida pela consciência. Nesse ponto, podemos notar a grande divergência existente entre Santo Agostinho e Aristóteles. Para este, o tempo era medida do movimento e, mais especificamente, do movimento celeste. Santo Agostinho recusa tal idéia, perguntando "se os astros parassem e continuasse a mover-se a roda do oleiro, deixaria de haver o tempo para medirmos as suas voltas?" (Santo Agostinho, 1999, p. 330).

O pensamento cristão, que atravessa a filosofia de Santo Agostinho, pressupõe que a alma se vai purificando no tempo. O homem nasce como animal e deve, ao longo da vida, ir se purificando e se espiritualizando. Em termos da história da humanidade, houve o pecado original, a redenção com a vinda de Cristo, e haverá o Juízo Final. Torna-se clara a idéia de um tempo valorizado, que favorece o desenvolvimento espiritual (Bruni, 1989).

No entanto, o mesmo tempo que permite o progresso espiritual do homem é também uma experiência restrita a esse espírito, ou seja, não existe no mundo da natureza.

DESCARTES E SEUS SEGUIDORES

O pensamento moderno configura-se efetivamente com a filosofia de *René Descartes* (1596-1650). Este desenvolve seu método de conhecimento e apreensão do mundo sobre a base do racionalismo, da matemática e assentado na razão (Vergez; Huisman, 1972). Para ele, Deus criou o mundo momento a momento – é a chamada "criação contínua". Tudo o que ocorre na natureza é resultado da vontade divina. À natureza não cabe nenhum poder próprio, e o tempo é caracterizado pela descontinuidade. O homem, por sua vez, não é uma parte de Deus, já que Este o transcende.

A partir dessas premissas, desenvolve uma ciência permanente, racional e mecanicista da natureza, na qual o homem, enquanto ser pensante, existe e tem liberdade de escolha. Considera o tempo do mundo, sua duração e permanência, dependente da vontade divina. Assim, o futuro não depende do presente, mas da criação contínua de Deus. Faz uma distinção entre o tempo enquanto número, que pode ser dividido em partes, existindo idealmente em nosso espírito, e o tempo real e concreto das coisas que duram, por obra e vontade de Deus. Podemos perceber que, para Descartes, o tempo está atrelado ou à razão (matemática) ou às coisas que duram, isto é, não existe por si só, é um atributo.

Veremos a seguir que os cartesianos Espinoza e Leibniz levaram às últimas conseqüências a idéia de que tempo é uma simples representação mental.

Espinoza (1632-1677) segue desenvolvendo as idéias de Descartes e, em parte, transformando-as. Para ele, Deus confunde-se com a natureza eterna, e o homem é apenas parte desta natureza. Acredita que as três dimensões do tempo – presente, passado e futuro – são determinadas pela necessidade divina da ordem eterna da natureza. A divisão do tempo só existe em nossa imaginação (Piettre, 1997). Assim, todo acontecimento tem uma causa que quase sempre ignoramos em função da complexidade dos fenômenos e de nossa limitada capacidade de conhecimento. Está novamente implícito aqui o valor do que é eterno em detrimento do tempo que passa, da finitude. Aliás, enfatiza que o ser das coisas é uma tendência ou esforço para ser sempre. O ser tem apetite de eternidade ou, ao menos, de perduração; a essência do homem é o desejo de ser sempre, cuja última conseqüência é a imortalidade (Marías, 1959).

Apesar de parcialmente contemporâneo a Espinoza, *Leibniz* (1646-1677) encerra o período barroco da filosofia. Se para Descartes o mundo físico era extensão e, por conseguinte, estático, para Leibniz a força viva e o dinamismo é que passam a caracterizar o mundo.

Denomina *mônadas* as unidades de força presentes no universo, que tendem sempre para a ação. Acredita que Deus criou o melhor dos mundos possível, onde os acontecimentos têm perfeita correlação e composição, mas que, aos olhos dos homens, seres imperfeitos e finitos, esses acontecimentos parecem dar-se no tempo. Há um mínimo de mal no mundo, que é condição para o bem do conjunto, sendo que um dos males do mundo e dos homens é a sua finitude e imperfeição. Acredita que não houve a criação divina do tempo e do espaço – estes são apenas aspectos da ordenação divina. Tempo e espaço não têm realidade material, substancial ou imaterial; são idealidades.

KANT E O TEMPO

Daremos agora um salto na história da filosofia, passando ao longo do Iluminismo, para chegarmos a *Kant* (1724-1808), um dos maiores expoentes de toda a Filosofia. Longe de pretender desmerecer o movimento iluminista, estamos, como já dissemos, rastreando aqueles pensadores que se dedicaram mais profundamente à questão da temporalidade. Kant, em sua *Crítica da Razão Pura*, aborda com excelência esse tema, desenvolvendo sua teoria do espaço e do tempo na chamada Estética Transcendental.

Parte do princípio de que o conhecimento é possível a partir do que é dado e do que nós lhe acrescentamos. O dado é o caos (contrário do saber), que precisa ser ordenado, primeiro no espaço e no tempo e, depois, segundo as "categorias" (conceitos puros do entendimento). Essa ordenação transforma o caos em fenômenos sujeitos ao tempo e ao espaço, o que permite que sejam conhecidos pela experiência. Tempo e espaço são condições indispensáveis para que haja experiência; são intuições puras e formas *a priori* da sensibilidade. Isso significa que tempo e espaço são condições anteriores às coisas, em que está alojada a percepção, e, portanto, pertencem à subjetividade pura. Não é possível conhecer o fundo das coisas, mas apenas seu aspecto refratado através dos quadros subjetivos do tempo e do espaço.

Arantes (1981), ao examinar a visão kantiana do tempo, cita trechos de suas obras que ratificam a idéia de que o tempo só existe dentro do sujeito, ou seja, pertence à subjetividade, não sendo nada além do que "uma propriedade formal do sujeito cognoscente finito".

Para *Kant*, tempo e espaço não são nem realidade nem conceito. São formas necessárias para toda representação:

> O tempo não é um conceito empírico abstraído de qualquer experiência. Com efeito, a simultaneidade ou a sucessão nem sequer se apresentaria à percepção se a representação do tempo não estivesse subjacente *a priori* (Kant, 1999, p. 77).

Tempo e espaço não são conceitos, pois estes são constituídos pela inteligência, a fim de unificar ou agrupar conteúdos heterogêneos. O espaço contém sempre o espaço, assim como o tempo sempre contém o tempo – uma pequena porção do tempo ainda se configura como tempo.

O tempo é a forma de nossa intuição interna; não possui realidade absoluta nem adere aos próprios objetos; vincula-se ao sujeito. Quanto à irreversibilidade do tempo, é somente por meio da experiência que podemos perceber a assimetria entre o passado e o futuro. A constatação de que uma causa é anterior ao seu efeito dá-se a partir da experiência prática. Não é possível deduzir a ordem temporal dos fenômenos. Fica clara aqui a prioridade conferida à experiência como meio de obter conhecimento. A verdadeira ciência é aquela cujos conhecimentos advêm do campo experimental.

A FILOSOFIA DE HEGEL

Depois de apenas esboçar o pensamento kantiano sobre o tempo, chegamos a *Hegel* (1770-1831), outra figura de destaque na história da filosofia. Busca o saber absoluto, que deve ser obtido por meio do verdadeiro filosofar e da comprovação da realidade. A Filosofia começa com o ser, que é, por sua vez, indeterminação e vazio. A dialética permeia todo o raciocínio hegeliano: "a verdade é que o ser passou ao nada e o nada passou ao ser. Isto é devir" (Hegel *apud* Marías, 1959, p. 313). Dessa forma, a verdade do ser está no nada, a verdade do nada está no devir, e a verdade do devir não permanece em si, mas num constante devir.

Segundo *Arantes* (1981), Hegel concebe o tempo como resultado do desenvolvimento e do conceito de espaço, ou seja, o tempo é a verdade do espaço. A chave da dialética hegeliana é o próprio tempo, que permite, em última instância, a união dos opostos, a possibilidade de pensar a "copertinência dos opostos".

O tempo é o arcabouço do processo de transformação do espírito; o tempo representa a distância entre o ser e o vir a ser. Assim que o saber absoluto é atingido, o tempo tende à evanescência. Essa idéia aparece, sobretudo, quando Hegel desenvolve sua noção de história: propõe que se reconheça, no que há de aparente e de passageiro no aspecto temporal, aquilo que é imanente e eterno.

Por outro lado, Hegel também compartilha com Kant a idéia de um tempo contínuo e homogêneo que se constitui em condição *a priori* para a obtenção do conhecimento. Entretanto, critica o fato de Kant ter permanecido na discussão se o tempo era algo exterior ou imanente ao espírito. Coloca a necessidade de pensar o conceito propriamente dito do espaço e do tempo. Desenvolve sua filosofia da natureza em três momentos: a mecânica (onde está incluído o tempo), a física e a física orgânica. Em última instância, compreende o tempo como o "grau zero do conceito".

CONTRIBUIÇÕES DOS SÉCULOS XIX E XX

Mencionaremos a seguir a Filosofia desenvolvida por pensadores que viveram no último terço do século XIX e cuja influência se faz sentir até os nossos dias.

Kierkegaard (1813-1855) rompe com a "eternização" legada pelo hegeleanismo para pensar a existência, o próprio modo de ser do homem. Diz que o ser humano é algo concreto e temporal, que vive em constante devir numa existência atravessada pela angústia. Aborda a realidade humana em seu sentido pessoal e individual – é a existência de cada um que ganha importância por seu caráter concreto, único e insubstituível (Marías, 1959).

Nietzsche (1844-1900), considerado um dos maiores pensadores da História, retoma uma idéia procedente de Heráclito: o eterno retorno. Quando todas as combinações possíveis entre os elementos do mundo tiverem ocorrido, haverá um tempo ainda não estabelecido, em que recomeçará o ciclo, e assim indefinidamente. Tudo o que acontece no mundo irá se repetir sem fim. Entretanto, o homem pode ir transformando o mundo e a si mesmo para, por meio da transmutação de todos os valores, atingir o super-homem (sua auto-superação caracterizada pela coragem e força moral). O bem máximo é a própria vida que deve culminar na vontade de poder (Marías, 1959).

O eterno retorno não nos condena apenas a repetir indelevelmente nossos atos por intermédio do eterno ciclo das existências, mas também nos leva a aceitar, por toda a eternidade, as experiências pelas quais passamos e que se reproduzirão (Vergez; Huisman, 1972).

Dilthey (1833-1911), por meio do conhecimento imediato da realidade da vida, introduz a doutrina do historicismo, que subentende um modo de ser no mundo: a consciência histórica. Acredita que não podemos resolver para sempre uma determinada questão, mas apenas pensá-la a partir das condições existentes em nosso tempo, para que, no futuro, sejam corrigidas ou superadas. Descobre a vida sob sua dimensão histórica, isto é, constituída pela temporalidade. Tudo aquilo que vivemos está impregnado de estratos temporais; é o resultado histórico de um passado que se presentifica e de um futuro em potencial. Dilthey apresenta o caráter limitado da vida humana, em que a história vai constituir-se entre dois pontos: o nascimento e a morte. Completa dizendo que o homem está na história, tem história e também é história. Enfatiza a propriedade de transformação inerente à passagem do tempo.

Seguindo adiante em nossa trajetória, vamos agora abordar outro dos grandes estudiosos da temporalidade: *Henri Bergson* (1859-1941). Foi influenciado pelo evolucionismo mecanicista de Spencer, o que, sem dúvida, o motivou para refletir sobre o tempo. Marcou a entrada da Filosofia no século XX e a transição entre o abandono do Positivismo e o reencontro com a Metafísica.

Bergson faz uma distinção entre espaço e tempo. Denomina "tempo espacializado" aquele medido pelo relógio, que se pode contar, que representa uma longitude, isto é, pontos estabelecidos no espaço pelos quais os ponteiros do relógio transitam. Por outro lado, existe o "tempo vivo", ou *durée réelle*, referente ao modo como a consciência experimenta a duração de um acontecimento ou experiência.

A intuição fundamental de Bergson é a distinção radical entre espaço e duração (Vergez; Huisman, 1972). Considera como objeto das ciências da matéria o espaço e, como seu instrumento, a inteligência. Em contrapartida, afirma que, para conhecer verdadeiramente a natureza do tempo, é preciso reportar-se à Filosofia, cujo instrumento é a intuição. Assim, o filósofo é aquele capacitado para revelar o ser em sua verdade, levando em conta seu caráter vivo, fluido, móvel e dinâmico (Marías, 1959).

Postula a existência de um *élan* vital, ou impulso vital que determina uma evolução criadora no tempo. Acredita que o tempo é pura invenção ou, então, não é absolutamente nada. Essa idéia imprime ao tempo o caráter libertário e criador. O futuro revela esses dois aspectos por meio, de um lado, da evolução biológica, que mostra a inventividade do ser animado, e, de outro, por meio da imprevisibilidade que lhe é inerente, a qual confere ao homem a liberdade de criar.

A ênfase sobre a figura do futuro abre novos horizontes para o estudo do tempo, que vinha sendo tratado com acento principal no passado e no previsível por Platão, Plotino e Santo Agostinho.

Bergson diz ainda que o presente existe apenas na consciência e contém sempre um futuro próximo e um passado recente. O instante não existe. Podemos "alongar" ou "encurtar" o tempo de acordo com aquilo que é vivido pela consciência.

Se quero preparar um copo d'água com açúcar, faço-o bem se esperar que o açúcar se dissolva. Este pequeno fato está cheio de ensinamentos. Porque o tempo que tenho de esperar não é mais o tempo matemático que se aplicaria ao longo de toda a história do mundo material, mesmo que ela se desenrolasse, num só golpe, no espaço. Ele coincide com minha impaciência, isto é, com uma certa parte de minha duração, que não pode ser aumentada ou diminuída à vontade. Não é mais o pensado, é o vivido. Não é mais uma relação, é o absoluto (Bergson *apud* Vergez; Huisman, 1972, p. 367).

Os números usados para medir o tempo são relativos entre si, mas a "medida" do tempo efetuada pela consciência é absoluta – depende da impaciência ou ansiedade com que a situação é vivida. Portanto, a "duração" só pode ser, segundo Bergson, objeto de uma intuição metafísica e estranha à compreensão científica ou técnica.

A filosofia contemporânea foi profundamente influenciada pela fenomenologia de *Husserl* (1859-1938). Sua doutrina coincide com a inauguração de século XX e surge como reação ao psicologismo que havia tomado conta da Filosofia.

A Fenomenologia é uma ciência de caráter universal porque trata de objetos ideais, ou seja, da essência das vivências. O ser ideal distingue-se do real por ser seu caráter intemporal. Husserl exemplifica dizendo que uma mesa (ser real) está presente no aqui e agora e que um conceito matemático (ser ideal) é válido em qualquer tempo; está acima da temporalidade. Assim, a concepção do mundo varia, segundo a passagem do tempo, enquanto a ciência se refere a valores absolutos e eternos.

Husserl representa a forma mais sutil e refinada do idealismo iniciado por Descartes. Entretanto, diferencia-se deste pela idéia de intencionalidade, ou seja, ao "Penso, logo existo", acrescenta "algo". Para ele, pensar é sempre pensar em alguma coisa (Marías, 1959).

Define o tempo como a duração contínua da vida da consciência, isto é, apesar de nossas vivências passarem, podemos regressar a elas por meio das representações. A percepção de uma melodia subentende a consciência retentiva (o som que acabou de ser emitido) e a continuação de uma consciência impressional (o som que há de vir). Portanto, a própria percepção da duração pressupõe uma duração da percepção. A temporalidade é constituída por intencionalidades próprias da consciência: visualização de algo futuro ou visualização de certo passado. Vê-se, então, que a consciência é soberana para a apreensão das coisas do mundo e das idéias científicas, o que reafirma a importância da subjetividade na obra de Husserl.

Retomando nossa trajetória, chegamos a *Heidegger* (1889-1976) e à sua obra máxima, *O Ser e o Tempo* (1927). Nela, o autor aborda o sentido de ser e, para isso, vale-se da interpretação do tempo como o horizonte possível de qualquer compreensão do ser.

O ser como questão define um ente particular, que denominou *dasein* (ser-aí, existir). A característica essencial do existir é estar no mundo. Então, o homem é o *dasein*, aquele que existe aqui no mundo (o mundo é, do ponto de vista ontológico, um caráter do próprio existir).

O sentido do ser do *dasein* é a temporalidade. A condição para a compreensão e interpretação do ser é o tempo (Marías, 1959).

O existir possui dois modos de estar no mundo: a existência cotidiana (trivial e inautêntica) e a existência autêntica. Esta se vai dar a partir do momento que o *dasein* se descobre a si mesmo, por meio da angústia que não ocorre por esta ou por aquela razão, mas por absolutamente nada. É quando adquire a consciência da própria finitude, em que todos os seus possíveis desembocam num nada absoluto: a sua própria morte. Apesar de estar aí no mundo, projetado para o futuro, o *dasein* se vê chamado a dar conta de sua existência, sem ter escolhido seu existir. Pelo fato de a temporalidade sempre estar orientada para o futuro, a morte, enquanto o supremo possível, estará presente em cada projeto ou visualização da consciência. Portanto, a realidade humana é a de um "ser para a morte" (Vergez; Huisman, 1972).

A originalidade do pensamento de Heidegger está na evidência atribuída a uma idéia já lançada por Kant: a própria atividade do pensamento é temporalizante, ou seja, a existência humana não se passa no tempo, como qualquer ente na natureza, mas é constitutiva do tempo pela razão mesma de sua finitude. O *dasein* descobre diante de si um futuro que só existe em função de sua finitude. E, aqui, finitude significa a noção de que se é mortal e, também, a noção de que não se é nem produtor nem criador do ser. O tempo é o horizonte necessário da apreensão do ser.

O tempo por excelência é o futuro, o vir a ser. Este futuro é um puro possível, ou seja, é "nada" e, ao mesmo tempo, rico em possibilidade. Ao tornar-se passado e presente, abre-se a possibilidade de contemplar as riquezas que trazia em si (Piettre, 1997).

Segundo *Heidegger* (1996), "o tempo é anterior a toda subjetividade e objetividade porque constitui a própria possibilidade desse anterior" (p. 231). Isso mostra que o tempo se encontra a princípio e de forma imediata tanto naquilo que é físico quanto no psíquico. Não cabe, então, discutir se o tempo está dentro ou fora do sujeito, pois ele é a própria condição da objetividade e da subjetividade.

Finalizaremos este capítulo com a concepção filosófica de *Ortega* (1883-1955), sabendo que estamos deixando para trás outros pensadores igualmente importantes. Fala essencialmente da vida humana: "Eu sou eu e a minha circunstância" (Ortega *apud* Marías, 1959, p. 433). A verdadeira realidade é o viver enquanto tratar com o mundo, atuar nele e ocupar-se dele. O tempo é a forma da vida humana, cujo horizonte é histórico. A natureza está para as coisas assim como a história está para o homem. O homem não possui natureza; tudo o que tem é história. Torna-se ser a partir da série dialética de suas experiências. Apesar de não se dedicar especificamente ao estudo do tempo, integra-o ao estudo que faz da vida humana. "O ser do homem é um tempo natural e extranatural, numa espécie de centauro ontológico" (Ortega *apud* Marías, 1959, p. 434).

Quando cada homem passa a existir neste mundo já é herdeiro de um passado, das experiências pretéritas de outros homens. Portanto, a historicidade é parte essencial de cada um de nós, o que implica a passagem do tempo, que, por sua vez, vai instaurando circunstâncias que irão determinando as circunstâncias futuras.

O homem vive o "seu tempo" e nele vai "fazer" algo que já não será o que foi, mas outra coisa. A idéia do movimento dinâmico e cumulativo subjaz às idéias de Ortega.

Se conhecêssemos os segredos do universo, tombaríamos, desde logo, num incurável tédio.

Anatole France (1949)

O TEMPO NA FÍSICA

Prigogine (1996) comenta que o tempo está no coração da Física, desde que foi incorporado ao esquema conceitual da física galileana. O fator tempo, tal como foi incluído nas leis fundamentais da Física, desde a dinâmica clássica newtoniana até a relatividade e a física quântica, não subentende qualquer distinção entre passado e futuro. A existência da flecha do tempo esteve, até há poucas décadas, relegada aos domínios da Fenomenologia. Seríamos nós, humanos, em face de nossa limitada capacidade de observação, os responsáveis pela diferença entre passado e futuro. Einstein afirmou várias vezes que o tempo é apenas uma ilusão.

Por outro lado, se a ciência pretende ser um diálogo com a natureza, como resolver a contradição entre um tempo simétrico atribuído pela Física e os diferentes tempos dos fenômenos observáveis da natureza? Como vimos acima, o paradoxo do tempo foi "resolvido" por meio do argumento da limitação humana.

Nos últimos anos, novas descobertas, como os processos do não-equilíbrio, apontam para a necessidade de reformular a noção de tempo proferida por Galileu.

Esses breves comentários fornecem uma idéia da importância de considerar o estudo do tempo sob a ótica da Física. Essa é uma área em que as alusões ao fator tempo estão impressas ao longo de toda a sua história. Consideramos, portanto, ser fundamental para este trabalho citar, ainda que do ponto de vista eminentemente histórico e, mais uma vez, ilustrativo, as formulações referentes ao tempo no campo da Física.

GALILEU GALILEI

Nos séculos XVI e XVII, constitui-se a Física enquanto disciplina científica. Difere da física aristotélica e medieval, principalmente, por seus pressupostos a respeito da natureza e por seus métodos de investigação. O físico renuncia ao conhecimento das causas de um fenômeno, contentando-se em estabelecer uma equação que lhe permita medir e prever o curso desse fenômeno. Está impresso o caráter matemático, quantitativo e exato da física moderna. Seu ponto de partida são hipóteses, matematicamente construídas *a priori*, que devem ser testadas experimentalmente e, *a posteriori*, transformadas em leis universais. Galileu Galilei (1564-1642) é o verdadeiro fundador da física moderna. Além de suas descobertas em Física e Astronomia, questiona a visão aristotélica da natureza e introduz a Matemática e a experimentação como fundamentos das ciências exatas. A partir dele, os cientistas passaram a buscar leis da natureza de caráter imutável e intemporal.

Se Aristóteles considerava que o movimento requer sempre uma força motriz que o provoque e mantenha, Galileu, por sua vez, demonstra que um corpo tende a perseverar seu movimento sem que haja uma força externa ou interna que explique a continuidade deste. Daí advém uma profunda mudança na concepção do tempo: a idéia de um tempo como medida do movimento é suplantada, progressivamente, pela noção de um tempo indiferenciado, eterno e idêntico para todos os corpos, cuja diferenciação entre passado e futuro é totalmente relativa ao fenômeno estudado.

NEWTON

Para compreendermos melhor a amplitude de tais mudanças no modo de pensar a natureza, é preciso que citemos a figura não menos importante de *Isaac Newton* (1642-1727). Formula as leis do movimento, a partir dos estudos de Galileu, e a lei da gravitação universal. Por meio das leis de Newton, fica patente que não existe um estado de repouso absoluto, como supunha

Aristóteles. Entretanto, ambos acreditavam que existe um tempo absoluto, isto é, que não varia segundo o lugar no espaço ocupado pelo experimentador. O resultado da mensuração do intervalo de tempo ocorrido entre dois eventos será sempre o mesmo, bastando, para isso, que se use um relógio de alta precisão. Apesar de, em sua teoria, ter mencionado a existência de um tempo relativo, foi preponderante a idéia de tempo absoluto.

O tempo absoluto, verdadeiro, matemático, em si mesmo e por sua própria natureza, flui uniformemente sem se relacionar com nenhum objeto exterior, e também recebe o nome de duração; o tempo relativo, aparente e comum é a medida sensível e externa (seja exata ou irregular) da duração por meio do movimento e comumente se utiliza ao invés do verdadeiro tempo; assim uma hora, um dia, um mês, um ano (Newton *apud* Andrade, 1971, p. 207).

Segundo *Andrade* (1971), Newton vem sendo injustiçado quando sua teoria é interpretada somente sob o vértice do tempo absoluto, na medida em que fica clara em seu texto a enunciação de uma dimensão relativa do tempo. No entanto, Hawking, Piettre, Prigogine, entre outros, afirmam que a visão de Newton é a de uma natureza estática, previsível, submetida a leis universais e regida verdadeiramente por um tempo absoluto, reversível, em que passado e futuro são equivalentes.

É interessante observar que Newton sugere uma dicotomia entre a realidade e a aparência, sendo isso especialmente válido para os conceitos de tempo absoluto, considerado como o verdadeiro, e de tempo relativo, visto como aquele próprio do que é aparente. Afirma que "Todos os movimentos podem ser acelerados e retardados, mas o fluxo do tempo absoluto não é susceptível de nenhuma modificação" (Newton *apud* Losee, 1979, p. 97).

Entre os séculos XVI e XVII, a ciência configurou-se como um instrumento máximo e onipotente de conhecimento da natureza. A mecânica clássica consagrava aos fenômenos naturais propriedades similares às das máquinas, que poderiam ser controladas e previsíveis.

A concepção do tempo apresentada por Newton teve profunda influência nas ciências em geral, inclusive na Psicologia. *Slife* (1995) confere cinco características fundamentais a respeito da noção de tempo newtoniana: objetividade, continuidade, linearidade, universalidade e reducionismo. Tais características do tempo tornaram-se também a base de toda explanação científica dos eventos da natureza. A partir de analogias com as máquinas e particularmente com o relógio – as chamadas "metáforas mecanicistas" – Newton compreendia o universo. A objetividade do tempo está ligada ao fato de este existir de maneira absoluta e independente da consciência, ou seja, o tempo é concebido como um meio no qual os eventos ocorrem; existe a despeito dos fatos e da percepção humana.

Por linearidade entende-se a propriedade do tempo de ter um começo e uma seqüência em linha reta pelo passado, presente e futuro. A metáfora da linha significa que o presente e o futuro só podem ganhar consistência por meio do passado. Aliás, é o passado a entidade temporal de maior utilidade. Advém, principalmente daqui, a noção de causa e efeito, que tanto influenciou o pensamento ocidental a partir do século XVII.

Newton também considerava o tempo como contínuo, isto é, constante e uniforme. É por isso que acreditava que o mundo e seus eventos eram plenamente previsíveis. Do seu ponto de vista, as mudanças não ocorreriam de maneira abrupta, instantânea ou descontínua; estariam, pelo contrário, submetidas a uma graduação do tempo (ele é formado por pontos, em seqüência, que configuram uma linha).

A característica de universalidade implica que as leis da natureza são universais e imutáveis, independentemente do período de tempo em que são observadas. Isso só é possível quando se considera, no sentido newtoniano, o tempo como uniforme, em seu ritmo e sua qualidade.

Finalmente, temos o reducionismo, que resulta do fato de que somente uma pequena parte de um processo qualquer vai estar contida em um dado momento no tempo. Significa afirmar que um processo como um todo na verdade não existe, já que apenas uma parte dele está ocorrendo em um determinado momento no tempo.

Concluindo, podemos dizer que, para Newton, espaço e tempo são referenciais absolutos e ontológicos. É possível situar diferentes tempos medidos relativamente a uma invariável: o tempo absoluto, uniforme e matemático, que existe como pano de fundo de todo e qualquer evento do universo (Piettre, 1997).

EINSTEIN

O início do século XX foi marcado por uma das descobertas mais importantes da Física: a Teoria Especial da Relatividade ou da Relatividade Restrita formulada por *Albert Einstein* (1879-1955). Fica por ela demonstrado que é possível conciliar a Eletrodinâmica, de Maxwell, e o Princípio da Relatividade enunciado por Galileu, a partir da revisão das noções de espaço e tempo (Larousse, 1998).

O postulado fundamental dessa teoria é que as leis científicas são as mesmas para quaisquer observadores em movimento livre, não importando sua velocidade (Hawking, 1997). A velocidade da luz é tomada como uma constante, independente da fonte ou do observador que a mede, configurando-se a luz como onda e como partícula. Sendo a velocidade da luz constante e a máxima possível, o que vai variar, de observador para observador, é a distância percorrida por ela e, por conseguinte, o tempo que levou para percorrer tal distância (o tempo é a velocidade da luz multiplicada pela distância percorrida).

A conseqüência imediata é o fim do conceito de tempo, absoluto: cada observador, dependendo da posição que ocupa no espaço, poderá obter sua própria medida de tempo, que não irá concordar necessariamente com o relógio dos outros observadores. Para que se possa medir o tempo a partir de dois lugares diferentes no espaço, é preciso enviar um sinal de um lugar para o outro, que, por sua vez, levará tempo para cumprir essa trajetória. Portanto, o que Einstein demonstra é que não há um "agora" universal, mas sim um "aqui e agora" para cada observador, em que espaço e tempo estão intimamente implicados, constituindo-se em aspectos de uma mesma realidade (Bronowski, 1977).

Em 1915, Einstein formula o que atualmente chamamos de "Teoria Geral da Relatividade". Sugere que a gravidade não é uma força como as outras, mas, sim, a conseqüência do fato de o espaço-tempo ser curvo ou arqueado pela distribuição de massa e energia. A massa do sol promove o arqueamento do espaço-tempo, fazendo parecer que a Terra segue uma trajetória curva no espaço tridimensional, quando, na realidade, percorre uma trajetória reta no espaço-tempo quadridimensional (Hawking, 1997).

A relatividade geral opera uma síntese da mecânica e da gravitação. Apesar de o tempo ganhar realidade como a quarta dimensão, continua sendo considerado como reversível nas equações da mecânica relativista.

Einstein hesitou em considerar que a validade da irreversibilidade temporal da transmissão de sinais luminosos pudesse estender-se à irreversibilidade de um tempo cósmico. A distinção entre "antes" e "depois" só teria sentido para cores de luz vizinhas, mas não em escala universal (Piettre, 1997).

A Teoria da Relatividade teria como conseqüência quase natural a idéia de um universo dinâmico e em expansão.

Entretanto, Einstein, por estar convicto de que o universo era necessariamente estático, acabou por modificar sua teoria, introduzindo a chamada constante cosmológica em suas equações. Essa nova força, a antigravidade, seria construída a partir da estrutura do espaço-tempo. Então, se no universo havia a tendência de atração da matéria, existiria, em contraposição, a tendência de expansão inerente ao espaço-tempo, o que manteria o equilíbrio e o caráter estático do universo (Hawking, 1997).

HUBBLE

Em 1939, *Edwin Hubble* faz uma das grandes descobertas do século XX: o universo está em expansão, ou, dizendo de outra maneira, as galáxias estão em processo de afastamento umas das outras. Isso tem importância fundamental, pois situa o universo em uma dimensão têmporo-espacial: tem um passado, que ainda se nos faz presente através da luz das estrelas que não existem mais; tem um presente configurado pelo atual estágio de sua expansão e terá um futuro para além de sua expansão.

A idéia do universo como um processo pode ser pensada, de maneira simples, imaginando-se que todo volume do espaço varia com o tempo. As mudanças no cenário espaço–temporal estão diretamente ligadas à velocidade da luz, que é a velocidade máxima da troca de informação permitida na natureza.

MAX PLANCK E O FIM DO DETERMINISMO

Einstein promoveu grandes progressos na microfísica ou física quântica, que havia sido efetivamente criada, em 1900, por *Max Planck*. Nesse ano, Planck descobriu que a luz, os raios X e outras ondas não podem ser emitidas a uma razão arbitrária, mas em certas quantidades, ou *quanta* (Hawking, 1997).

Segundo *Novello* (1996), o *quanta* é um grão fundamental de energia. No mundo clássico, havia a possibilidade de fracionar infinitamente a energia; a física quântica vem delimitar esse fracionamento por meio do conceito de *quanta*.

A física quântica veio abalar a noção de determinismo e causalidade, cujo apogeu se deu com Laplace, cientista francês, no início do século XIX. A figura do famoso demônio de Laplace, que simbolizava a possibilidade de tudo conhecer e prever a respeito do futuro do universo, demonstrava a idéia de um determinismo levado às últimas conseqüências.

Conhecendo-se uma determinada porção do presente do universo, seria possível prever todo o seu futuro, pois todos os eventos teriam uma causa e um efeito subseqüente, além, obviamente, de seu caráter absoluto, repetitivo e uniforme.

O PRINCÍPIO DA INCERTEZA

Em 1926, *Heisenberg* formula seu famoso Princípio da Incerteza, que representou a derrocada final do determinismo de Laplace. Desenvolve a idéia de que não é possível medir com exatidão, por exemplo, a velocidade ou a posição de uma partícula. Se não podemos conhecer o presente de uma partícula, como obter a previsão de seu futuro? Heisenberg mostra que toda e qualquer descrição da natureza supõe algum grau de incerteza essencial e irremovível (Bronowski, 1977).

DA TERMODINÂMICA À FÍSICA QUÂNTICA

Vimos, até agora, que, desde o início da ciência, os físicos levam em conta o fator tempo na medida da velocidade, da aceleração, do movimento... Porém, constatamos que o tempo medido nas equações é sempre reversível. Essa maneira de considerar o tempo foi abalada, já no século XIX, pela Termodinâmica. Como novo ramo da Física, apareceu para investigar a difusão e perda de calor das máquinas a vapor, recém-inventadas. Clausius enuncia seus dois princípios da Termodinâmica. O primeiro afirma a conservação universal de energia, ou seja, esta é uma grandeza que não se cria nem se perde, mas se conserva, ainda que de formas qualitativamente diferentes (cinética, elétrica, luminosa, térmica, etc.). O segundo princípio diz que a energia se dissipa de maneira irreversível com aumento da entropia na direção de um máximo (desordem) (Prigogine, 1996).

A termodinâmica, principalmente o segundo princípio, aponta para a existência de uma seta do tempo. Se, por exemplo, um corpo aquecido não conta com uma fonte externa de energia que mantenha sua temperatura, tenderá a resfriar-se espontaneamente e de modo irreversível. É possível, portanto, conhecer o passado e o presente desse corpo, com suas respectivas diferenças, e antever as probabilidades inerentes ao seu futuro.

Prigogine (1996) relata que o paradoxo do tempo foi identificado por Ludwig Boltzmann, em meados do século passado. Com o intuito de aplicar na Física a teoria evolucionista de Charles Darwin, Boltzmann põe em evidência a contradição entre as leis da física newtoniana, com sua ênfase na equivalência entre passado e futuro e as idéias evolucionistas desenvolvidas no campo da Biologia, que afirmam uma distinção essencial entre passado e futuro. Sua contribuição fundamental foi a distinção entre processos reversíveis e irreversíveis em nível microscópico.

Na década de 1920, *Heisenberg*, *Schrödinger* e *Paul Dirac* reformularam a mecânica clássica, com o desenvolvimento de uma nova teoria denominada Mecânica Quântica, que sofreu influência direta do Princípio de Incerteza.

Segundo *Hawking* (1997), a mecânica quântica postula

que as partículas não possuem posições e velocidades definidas ou bem separadas; pelo contrário, "apresentam-se em estado quântico, que é a combinação de posição e velocidade" (p. 88). Não há um único resultado definitivo para uma observação, mas um conjunto de resultados possíveis, fato este que promove a introdução do imprevisível e do acaso no corpo da ciência.

A ANTIMATÉRIA E O BIG-BANG

Novello (1996) comenta que os processos quânticos abrigam a matéria e a antimatéria, que podem coabitar no espaço e no tempo e, portanto, aniquilarem-se, produzindo assim o chamado "vazio quântico". Defende a idéia de que o universo pode ter surgido, acidentalmente, a partir da instabilidade desse vazio (estado fundamental de um campo em que não há nenhuma presença material). Em contrapartida, existe, atualmente, outra teoria, mais conhecida, a respeito da origem do universo, chamada *big-bang* e defendida por Hawking. Segundo ele, teria havido uma grande explosão no momento de contração máxima do universo, e, a partir de então, teria começado a expansão do universo.

Essas duas teorias abordam a questão do tempo de maneiras opostas: a hipótese do início do universo pelo vazio pressupõe que o tempo não teve início com o aparecimento do universo que conhecemos hoje, ou seja, o tempo já existia. Por outro lado, a hipótese do surgimento do universo por meio de uma grande explosão, de uma singularidade denominada *big-bang*, parte do pressuposto de que o tempo teve seu começo exatamente naquele momento e que terá um possível fim. A primeira está baseada nos processos quânticos, e a segunda, na Teoria Geral da Relatividade.

NOVAS PERSPECTIVAS

Prigogine (1996) relata que, nas últimas décadas, surgiu uma nova ciência, a física dos processos do não-equilíbrio, que estuda os processos dissipativos, caracterizados pela unidirecionalidade do tempo. Anteriormente, a flecha do tempo estava associada a processos muito simples, tais como a difusão, o atrito e a viscosidade. A irreversibilidade aparece, hoje em dia, em fenômenos bem mais complexos, como a formação de turbilhões, das oscilações químicas e da radiação *laser*. Aliás, os processos irreversíveis são maioria na natureza, enquanto os reversíveis são sempre idealizações ou aproximações.

Outro desenvolvimento fundamental que ajudou a repensar a questão do tempo foi o dos "sistemas dinâmicos instáveis", que, como o próprio nome diz, afirmam a inclusão das flutuações e da instabilidade no campo da ciência, até então defensora inconteste da ordem e da estabilidade. São formulações que quebram a simetria entre passado e futuro, afirmada pela física clássica e também pela relatividade e mecânica quântica. Outrora se buscavam certeza, perfeita previsibilidade do futuro e conhecimento completo da natureza. Doravante, as leis científicas ganham novos sentidos expressos por possibilidades. Já não se fala em previsão do futuro, mas em apostas e acaso.

Podemos pensar o início do universo como uma instabilidade associada ao *big-bang*. O universo teve um começo, mas não tempo. "Nesta concepção, o tempo não tem início e provavelmente não tem fim!" *(*Prigogine, 1996, p. 13).

Esses novos estudos resgatam a existência e importância do tempo, não unicamente como uma dimensão do espaço, mas como uma flecha que imprime um caráter evolutivo tanto às estruturas macro quanto às microscópicas.

A irreversibilidade, marca indelével de um tempo em que não há simetria entre passado e futuro, pode ser associada à origem do universo e, por que não, à continuidade de sua existência. A realidade e o tempo são intimamente ligados. A física clássica negou o tempo e, portanto, a realidade.

Hawking (1997) fala que o aumento da entropia ao longo do tempo é um dos exemplos da flecha do tempo, que, por sua vez, diferencia o passado do futuro. Existem, a seu ver, três flechas do tempo: termodinâmica, psicológica e cosmológica. A primeira é a direção do tempo em que a entropia aumenta. A segunda é aquela por meio da qual sentimos o tempo passar e somos capazes de lembrar do passado, e não do futuro. A terceira e última é a direção do tempo em que o universo predominantemente se expande, em vez de se contrair. Apesar de as leis científicas não distinguirem o passado do futuro, as três flechas do tempo testemunham a favor dessa distinção.

Prigogine; Stengers (1984) afirmam que a física atual não nega mais o tempo; pelo contrário, reconhece fenômenos que ratificam sua existência.

Reconhece o tempo irreversível das evoluções para o equilíbrio, o tempo ritmado das estruturas cuja pulsão se alimenta do mundo que as atravessa, o tempo bifurcante das evoluções por instabilidade e amplificação de flutuações e o tempo microscópico que manifesta a indeterminação das evoluções físicas microscópicas (p. 211).

Concluindo, podemos dizer que o pensamento revolucionário advindo das últimas descobertas científicas é a substituição do conceito de evento inevitável pelo de tendência provável, estando aqui subentendidos o acaso, a incerteza e o caos.

O futuro passa a ser considerado como passível de ser previsto por meio de probabilidades. Refletir sobre o passado e o presente torna-se atividade subsidiária, cujo objetivo é aprender a reconhecer e interpretar os sinais do futuro (Bronowski, 1977).

ESQUADROS

Pela janela do quarto
Pela janela do carro
Pela tela, pela janela
(Quem é ela, quem é ela)
Eu vejo tudo esquadrado
Remoto controle

Adriana Calcanhoto (1982)

DA IDADE MÉDIA À PÓS-MODERNIDADE

Vários autores, de diferentes linhas de pensamento, vêm adotando o termo "pós-modernidade" para designar as transformações ocorridas na ciência, na literatura e nas artes durante, principalmente, as últimas três décadas. As sementes de ditas transformações começaram a aparecer no fim do século XIX e início do século XX.

Falar em pós-modernidade implica controvérsias sobre o fim da modernidade ou, por outro lado, sobre a amplificação do paradigma moderno em nossos dias.

Para compreendermos a extensão dessa terminologia, é preciso, e ao menos isso é claro, abordar o que foi ou é a modernidade.

Berman (1987) considera a modernidade como um tipo de experiência vital, compartilhada em todo o mundo, que diz respeito ao tempo e espaço, à noção de si mesmo e dos outros e às possibilidades e perigos da vida.

Por um lado, ser moderno conota poder, alegria e transformação e, por outro, viver sob a sombra da destruição de tudo o que sabemos e somos. As fronteiras geográficas, ideológicas, econômicas e raciais são rompidas, mas nessa aparente união habita um paradoxal turbilhão de desintegração, mudança, angústia e ambigüidade.

Giddens (1990) afirma que a modernidade se refere ao estilo, costumes e organização social surgidos inicialmente na Europa do século XVII para, ulteriormente, ganharem influência mundial.

Segundo *Harvey* (1998), a modernidade envolve uma profunda ruptura com as condições históricas clássicas, como também subentende um complexo processo de rupturas e fragmentações internas. Foram os pensadores iluministas que deram consistência filosófica à avalanche de mudanças advindas da modernidade. Defendiam a preponderância da racionalidade, do desenvolvimento da ciência objetiva, da liberdade e criatividade humanas como meios de defesa contra as irracionalidades do mito, da superstição, do poder arbitrário e do lado sombrio da própria natureza humana. O caráter fugidio, fragmentário e transitório do turbilhão de mudanças que assolava o mundo foi tomado pelos iluministas como condição necessária para a realização do projeto da modernidade. Otimismo e fé na inteligência humana levaram tais pensadores a supor que as artes e as ciências promoveriam o domínio da natureza, a compreensão do mundo e do homem, a justiça e a felicidade.

Fortes (1981) oferece-nos um panorama histórico bastante esclarecedor sobre o movimento iluminista, que, em última instância, é caracterizado pela valorização do homem como sujeito de seu próprio destino e pela crença na razão humana como motor do progresso.

Desde o século XV vinha ocorrendo a lenta passagem do sistema feudal para o modo de produção capitalista. Nos séculos XVII e XVIII tal processo se acelerou, produzindo metaformoses significativas: o poder econômico e político exercido pela aristocracia rural cede lugar à burguesia, que instaura novas atividades econômicas centradas na produção artesanal e na circulação das mercadorias.

A Igreja, um dos importantes pilares da hegemonia dos senhores feudais, sofre, a partir de então, uma profunda crise, permitindo o surgimento de novas idéias.

A tônica, que ora recaía sobre a fé e sobre as palavras das Sagradas Escrituras, vai dando lugar à razão e à possibilidade humana de pensar e explicar o mundo.

O imperativo da razão como meio de conhecer e compreender o universo avança sobre a vida em sociedade, questionando os destinos históricos, os estratos sociais e os preconceitos do passado. Um tom revolucionário vai tingindo a existência individual, fecundando novos paradigmas de liberdade, direitos e bem-estar.

A idéia de progresso vem mapear o surgimento de uma nova disciplina, a História. Fica patente que o passado e os conhecimentos adquiridos podem servir de patamar para a conquista de novos conhecimentos e melhores condições de vida.

Hansen (1994) observa que o pensamento iluminista inaugurou um novo período em que o tempo passou a ser o presente realizador dos ideais humanistas e o futuro desconhecido, ilimitado, imprevisível e pleno de potencialidades. Sob a égide da idéia de progresso, os pensadores iluministas deixaram para trás a determinação divina do tempo e da história.

A determinação histórica do passado enquanto diferença do passado histórico, enquanto outro, acabado e morto, também é explicitação da diferença qualitativa do presente, que deixa o morto para trás, como superação: a partir do século XVIII, a história não se repete (p. 41).

Dessa forma, o fato histórico representa uma "ruptura transformadora do passado", uma contradição com o presente e a perspectiva de superação no futuro.

Se antes era o sábio com sua erudição quem iria interpretar o passado para lhe dar continuidade no presente e no futuro, com o advento do Iluminismo é o cientista que irá estabelecer a verdade por meio da sistematização e racionalização dos eventos naturais e históricos, de acordo com sua ocorrência no tempo.

Para *Harvey* (1998), a modernidade abriga, paradoxalmente, características como a transitoriedade, o fugidio e o contingente e, também, o eterno e o imutável. Ao mesmo tempo que a dinâmica das transformações históricas ganha terreno, existe a busca de um saber racional, perene e universalizante.

Além disso, *Augusto* (1992) aponta, reportando-se às contribuições de Castoriadis, que a racionalidade corresponde à dimensão capitalista das sociedades modernas, enquanto o projeto de desenvolvimento das potencialidades do indivíduo corresponde à dimensão democrática e revolucionária. Se, por um lado, há o progresso e a racionalização visando à produção e à acumulação de bens e capital, de outro, existe um espaço aberto para a realização do ser humano enquanto sujeito.

No início do século XX, a Filosofia, com Nietzsche, a Física, com Einstein, e a Psicologia, com Freud, vieram abalar profundamente os baluartes iluministas da modernidade.

A passagem da modernidade para a pós-modernidade é um tanto obscura, pois nem ao menos sabemos se tudo o que foi a modernidade está definitivamente extinto em nossos dias ou se o que vivemos ainda são ressonâncias daquele paradigma.

Tentaremos traçar um esboço geral daquilo que hoje vem sendo chamado de pós-modernidade.

Barbosa (1994), prefaciando uma das importantes obras de Lyotard, afirma que foi a partir dos anos cinqüentas que entramos na chamada era pós-industrial. Assistimos, desde então, a uma série de mudanças nos estatutos da ciência e da universidade.

Como vimos, data do fim do século XIX a ocorrência de uma verdadeira crise na ciência e no saber filosófico, provocada sobretudo pelo impacto do desenvolvimento tecnológico sobre o saber.

A partir daí vem ocorrendo a crise de conceitos caros ao ideal iluminista: racionalidade, verdade, progresso, humanismo. No lugar desses, buscam-se novos paradigmas cujo teor acompanhe o cenário cibernético e informático em que vivemos hoje: "aumento da potência", "eficácia", "otimização das *performances* do sistema". Entretanto, muitos valores iluministas frutificaram, ganhando consistência em nossos dias. A defesa dos direitos humanos em toda a sua extensão representa hoje uma verdadeira bolha de resistência aos ditames do acúmulo de capital e poder. Nunca, em toda a história da humanidade, as chamadas minorias (negros, homossexuais, mulheres, crianças, etc.) tiveram seus direitos tão reconhecidos e respeitados (ainda que muito se tenha a conquistar) como em nossos dias, mais especificamente a partir da década de 1970. Seria errôneo afirmar que a filosofia iluminista se perdeu como um todo; ela tomou outras formas e também perdeu, em parte, sua força. Se, na modernidade, a ciência era vista como uma atividade nobre, dedicada à busca de conhecimento, sem interesses produtivos ou financeiros, na pós-modernidade passa a ser considerada como um instrumento a serviço da tecnologia, por meio da qual será transformada em informação. Essa concepção da ciência como mercadoria enfatiza seu valor de troca e a desvincula de seu produtor (cientista) e de seu consumidor (público).

Lyotard (1993) mostra-nos que o discurso idealista e humanista é hoje abandonado em prol de um discurso calcado na otimização das *performances*. Significa que a ciência e os cientistas são utilizados para aumentar o poder, e não mais como reveladores da verdade. Possuir a tecnologia maior avançada é aumentar desempenho, é obter maior lucro, é ter maior poder. O crescimento do poder está relacionado à produção, à memorização, à acessibilidade e à operacionalidade das informações.

Harvey (1998) acredita que as alterações nas noções de espaço e de tempo são particularmente promovidas por condições materiais e sociais. O domínio do espaço e do tempo tem sido um corolário fundamental na busca de lucro, riqueza e poder. Antes de adentrarmos mais profundamente no tema do tempo, procuraremos fornecer uma definição, a mais clara possível, dada a complexidade do assunto, do que vem a ser a pós-modernidade.

Santaella (1994) aponta que a passagem para a pós-modernidade foi marcada pela perda das "ilusões heróicas", "dos ideais de grandeza" e da "agressividade combativa", características essas dos modernistas. Isso data do movimento *pop* e da insurreição pós-moderna da arquitetura, fatos esses que marcaram a entrada na era pós-moderna.

Sua marca registrada é a revolução eletrônica, que vem trazendo profundas conseqüências para as relações dos homens entre si, no tocante ao trabalho, ao lazer e à produção de conhecimento.

Harvey (1998), por sua vez, citando os editores da revista de arquitetura *Precis 6*, de 1987, tenta estabelecer o conceito de pós-moderno: privilégio da mudança e do heterogêneo; desconfiança dos discursos ditos totalizantes e universalizantes; vivência do efêmero, do fragmentário e do caótico, sem qualquer tentativa de legitimação pelo passado. As chamadas "metanarrativas" (discursos teóricos que se pretendem de aplicação universal) perdem por completo sua força, incluídas aqui as teorias de Freud e de Marx. A História, enquanto continuidade e memória, é desvalorizada e abandonada, configurando-se em seu lugar um presente imediatista e material, sem conexão com o tempo. Do ponto de vista do sujeito que experimenta e interpreta essa nova ordem das coisas, a fragmentação e a instabilidade da linguagem e dos discursos leva-o a um modo de vida "esquizofrenizante". Se há a hegemonia do significante em detrimento do significado; a valorização das imagens superficiais e efêmeras em lugar das raízes culturais e históricas, acaba havendo um colapso da cadeia significativa, com a conseqüente redução da experiência a instantes puros, sem qualquer conexão temporal.

Hansen (1994) assinala que, no mundo contemporâneo, permanece apenas a universalidade do capital e da mercadoria, articulada por formas bárbaras, como os neo-fascismos, os fundamentalismos religiosos e os racismos. O pós-moderno ainda é, em grande parte, o próprio moderno, enquanto o "trabalho radicalizado da desrealização da realidade e dissolução de compartimentações estanques" (p. 76). Há, no entanto, uma transformação efetiva da vida, que, se não deixou de ser miserável, está cada vez mais submetida a um modo de produção crescentemente automatizado, o que vai excluindo infindáveis massas do mercado de trabalho e da apropriação significativa da cultura. Os processos de automação e informatização otimizam os desempenhos e criam um presente instantâneo ao dissolver os limites entre os acontecimentos e seus relatos.

Jameson (1996) propõe que se parta da hipótese de que, se está havendo uma modificação geral de nossa cultura, ela ocorre no bojo de uma reestruturação do capitalismo tardio como sistema. As produções culturais adquirem sentido e inteligibilidade quando atingem o terreno da produção da vida material, que, por sua vez, influenciará dialeticamente a prática humana e cultural. Dessa forma, a pós-modernidade é o cultural investido e revestido do modo de produção capitalista.

O pós-moderno é caracterizado pelo fato de ter sepultado, de uma vez por todas, os remanescentes do arcaico, os resíduos de um passado que o moderno ainda lograra conservar. O próprio passado perde o sentido, juntamente com a historicidade e a memória coletiva. As antigas construções e monumentos são, hoje em dia, renovados, restaurados e trazidos inteiramente para o presente sob a forma de simulacros – objetos completamente diferentes e pós-modernos. A natureza é abolida juntamente com o velho campo de cultivo agrícola tradicional; desaparecem o modo de comércio pequeno-burguês, o artesanato, a aristocracia feudal e a burocracia imperial. Isso tudo teve início na era moderna, mas completou-se em nosso tempo. Nesse sentido, o pós-modernismo é mais moderno que o próprio modernismo.

Para o autor, o conceito de pós-modernismo refere-se a uma tentativa de teorizar a lógica específica do modo de produção cultural do chamado terceiro estágio do capitalismo ou da sociedade pós-industrial. Sintetiza algumas características dessa produção cultural em termos de fragmentação psíquica, resistência às totalidades, inter-relação por meio das diferenças e do presente esquizofrênico (amontoado de significantes distintos e não relacionados), o que vem configurar um processo particularmente disjuntivo.

A imediatividade a que estamos expostos hoje nos insere, enquanto sujeitos individuais, em um conjunto multidimensional de realidades radicalmente descontínuas, que vão desde os resquícios da vida privada burguesa até a descentralização do capital global (Jameson, 1996).

Em nenhum outro momento de sua história, o capitalismo teve tanta liberdade de ação como hoje, tendo em vista que as forças que o ameaçavam no passado (movimentos trabalhistas, partidos e estados socialistas) estão praticamente neutralizados. O pós-moderno parece ser uma transição das antigas formas das práticas econômicas para uma nova estruturação em escala global, que exige novas instituições organizadoras e novas conceituações.

O TEMPO E O CAPITALISMO

Harvey (1998) considera o tempo e o espaço como "categorias básicas da existência humana". Vários outros autores, Berman, Bell e Jameson apontam para a importância da observação de como cada sociedade, em uma determinada época, experiencia o tempo e o espaço, a fim de compreender seu momento econômico, social, político e cultural.

Desde uma perspectiva materialista, pode-se afirmar que as concepções de tempo e espaço são formuladas a partir de práticas e processos materiais que visam à reprodução da vida social. Portanto, tais concepções poderiam ser o termômetro do *modus vivendi* de agrupamentos humanos.

Na sociedade capitalista existe especificamente uma visível correlação entre o domínio da tríade dinheiro, espaço e tempo e a obtenção de poder social. A crescente "monetização" das relações sociais vem alterando substancialmente as qualidades do tempo e do espaço.

O lucro é obtido por meio do menor tempo de giro do capital (tempo de produção mais o tempo de circulação da mercadoria), o que explica o incentivo onipresente à aceleração dos processos econômicos e, conseqüentemente, da vida social.

Ribeiro (1992), discorrendo sobre o tempo nas sociedades industriais, diz existirem três aspectos fundamentais: controle do trabalhador, divisão do trabalho e introdução da disciplina do tempo. A partir daí houve uma cisão entre o tempo do trabalho e as outras esferas da vida, em que a prioridade absoluta recai sobre o trabalho.

É importante lembrar a observação de Jameson (1996) de que o tempo ganhou realidade por meio de sua própria mensurabilidade. O relógio, o cronômetro e todos os instrumentos de medida quantificam o tempo dos objetos, desvelando a materialidade da vida e do tempo humano.

Giddens (1992) observa que nas culturas pré-modernas o cálculo do tempo, base da vida cotidiana, era feito ligando sempre o tempo ao espaço, o "quando" ao "onde". Na era moderna, a invenção do relógio mecânico e sua difusão entre a população como um todo (fim do século XVIII) propiciaram a separação entre tempo e espaço.

A expansão da modernidade trouxe consigo a uniformidade da medição e da organização social do tempo. Uma das conseqüências disso foi a universalização de um único calendário, aceito em todo o mundo como parâmetro econômico, social e político.

O tempo, tal como o espaço, tornou-se uma dimensão vazia e estandardizada, que existe independentemente de um contexto específico de atividade social.

Weil (1979) fez uma análise contundente dos processos de racionalização do trabalho, implementada por Taylor no fim do século passado e aperfeiçoada por Ford já no século XX. Um dos pontos cruciais enfatizados pela autora é a servidão do trabalhador ao relógio de ponto, cuja autoridade mecânica solapa o tempo do operário, colocando-o à disposição da estrutura de produção capitalista. A atividade industrial, que visa à maior produtividade para a obtenção de maior lucro, é orientada pelo controle e otimização do tempo de trabalho.

Glezer (1992) reafirma tais idéias mostrando que, desde o século XIX, o tempo do trabalho dos homens foi submetido ao tempo do funcionamento das máquinas. Se o capitalismo clássico se expandiu em função do espaço, o capitalismo de nossos dias desenvolve-se por meio da dimensão temporal, ao explorar rigorosamente as cadeias temporais, definindo as durações, reduzindo o tempo a partículas cada vez menores e supervalorizando o presente imediato.

Segundo *Kurz* (1999), houve uma mudança significativa na relação do homem com o tempo, desde a introdução do modo de produção capitalista. A revolução capitalista consistiu basicamente em desvincular a economia do contexto cultural e de qualquer necessidade humana, transformando o dinheiro num fim em si mesmo. A sujeição das atividades culturais ao dinheiro possibilitou a conversão da produção em trabalho, cuja medida é tempo, tempo este linear, uniforme e abstrato. Surgiu, assim, um tempo-espaço sem alma ou configuração cultural, que começou a corroer o próprio corpo da sociedade. Apesar do enorme desenvolvimento tecnológico que obtivemos, o tempo diário dedicado ao trabalho é maior hoje em dia do que na Antigüidade e na Idade Média, quando a economia agrária era regida por diferenças sazonais e pelo aspecto cíclico do tempo e, também, nos quais os rituais religiosos tinham grande importância. Na era pré-moderna, o tempo era utilizado para produzir, para festejar e para descansar. Não havia a dicotomia, hoje existente, entre trabalho, prazer e ócio, ou seja, à atividade produtiva estavam integrados períodos dedicados às refeições, ao descanso, às conversas, sem a pressão da concorrência, do aumento da produção e do lucro.

Em nossos dias não conhecemos mais esse modo de viver. Sob a pressão da concorrência, a jornada de trabalho perde o sentido funcional, tornando-se cada vez mais condensada pela cadência mecânica e pela já mencionada racionalização que, em última instância, visa a utilizar toda a energia vital para a acumulação de todo o lucro possível. Trata-se de um sistema de aceleração permanente e sem sentido humano, que o vazio do espaço-tempo capitalista acaba impondo à sociedade. Os avanços tecnológicos estão a serviço dessa aceleração desmedida e tornaram-se mecanismos autônomos, dissociados de sua função social. O tempo livre foi transformado em tempo de consumo desenfreado, que nada tem a ver com o ócio. Aliás, para que este exista, é preciso que ocorra a superação da forma com que a influência capitalista se vincula à questão do tempo.

Cabe, neste momento, perguntarmos que capitalismo é este sob o qual vivemos na chamada pós-modernidade.

Segundo *Harvey* (1998), estamos vivendo uma transição histórica do fordismo (racionalização de tecnologias e divisão do trabalho desenvolvidas por Henry Ford, a partir de 1914) para o regime de acumulação flexível. Significa que, apesar de ainda vivermos em uma sociedade em que a busca do lucro norteia a produção e é o princípio organizador da vida econômica, o regime de acumulação e os modos de regulamentação sociopolítica parecem ter se transformado sobremaneira desde os anos setentas.

A acumulação flexível surge como resposta à rigidez inerente ao fordismo, em termos de produção, mercado de trabalho, produtos e padrões de consumo. Como o próprio nome diz, começa a haver um processo de flexibilização da própria estrutura capitalista. Caracteriza-se pelo aparecimento de novos setores de produção, de serviços financeiros, de mercados e de uma série de inovações comerciais, tecnológicas e organizacionais.

O trabalho organizado foi, em parte, substituído por focos de acumulação flexível, em regiões sem tradição industrial. O mercado de trabalho foi radicalmente reestruturado pelo aumento da competição, pelo estreitamento das margens de lucro, pela perda do poder sindical e pelo aumento da mão-de-obra excedente. Começou a haver uma significativa redução do emprego regular e uma concomitante elevação de regimes de trabalho parcial, temporário e subcontratado. Isso acabou propiciando o reaparecimento de pequenos negócios, muitas vezes de caráter doméstico, artesanal, familiar ou informal. Tais formas de trabalho acabam por minar a organização da classe trabalhadora ao promover a pulverização da mão-de-obra em pequenas concentrações, o que dificulta sua mobilização.

A produção em larga escala vem sendo substituída pela produção, em pequenos lotes, que atende melhor a um mercado cada vez mais competitivo e cujas necessidades sofrem mudanças cada vez mais rápidas.

O tempo de giro de capital – ícone da lucratividade capitalista – foi drasticamente reduzido pela utilização de novas tecnologias e novas formas organizacionais, como, por exemplo, o gerenciamento de estoques *just-in-time*, em que só há matéria-prima suficiente para manter a produção fluindo.

O consumo passou a ser alimentado pela efemeridade da moda e da estética, pela volatização de tendências culturais, pela produção de espetáculos evanescentes e pela mercadização do conhecimento científico.

Com o incremento da produção de eventos ou espetáculos que, como vimos, visam ao aumento de giro de capital, o setor de serviços ganha impulso significativo. Além disso, certas áreas, como *marketing*, publicidade, que antes faziam parte das empresas, tornam-se autônomas e passam a funcionar como consultorias, engrossando o setor de prestação de serviços, cujo sucesso advém da especialização crescente e do fornecimento de informações e análises instantâneas de dados.

O conhecimento científico e técnico, que sempre teve relevância na luta competitiva pelo poder, torna-se, na acumulação flexível, mercadoria básica na obtenção de lucro e poder. O caráter comercial na produção do conhecimento suplanta os interesses puramente acadêmicos da descoberta científica, da busca da sabedoria e da transmissão do conhecimento.

O sistema financeiro global foi completamente organizado, e a conformação da estrutura financeira teve seus poderes ampliados. Existe hoje maior porosidade entre bancos, corretoras e serviços financeiros em geral, ao mesmo tempo que os mercados futuros (de ações, mercadorias ou dívidas) ganham espaço e marcam drasticamente a introdução do tempo futuro no tempo presente.

O uso de computadores e das comunicações eletrônicas permite a coordenação instantânea de fluxos financeiros, o que delega um imenso poder às instituições financeiras. A capacidade de deslocar fluxos de capital de um extremo a outro do Planeta, que parece desprezar as restrições de tempo e espaço que costumam influir na produção e no consumo, acaba sendo responsável pela constante fluidez, instabilidade e frenesi dos mercados.

A posição do Estado atualmente é, sem dúvida, problemática, na medida em que é o responsável tanto pela criação de condições favoráveis que atraiam o capital financeiro transnacional quanto pelo controle do câmbio, a fim de evitar a fuga de capitais.

Em termos das conseqüências que a acumulação flexível teve sobre a vida social, política e cultural, Harvey (1998) afirma que o movimento mais flexível do capital acentua o novo, o fugidio e o efêmero presentes na vida moderna, em lugar dos valores mais sólidos implantados na vigência do fordismo. Com o enfraquecimento das ações coletivas, há o incremento de um individualismo muito mais competitivo calcado em um "empreendimentismo" crescente, que atinge desde a produção do setor informal até os últimos recônditos da vida acadêmica e artística.

No fim da década de 1960 ocorreu uma das várias crises do capitalismo, que atingiu seu ápice em 1973. Desde então a experiência têmporo-espacial transformou-se; a confiança na díade ciência e moralidade arrefeceu; a estética sobrepujou a ética enquanto foco de interesse intelectual e social; as imagens dominaram as narrativas; o efêmero e o fragmentário triunfaram sobre os valores eternos e universais e as justificativas para os acontecimentos sociais e políticos deslocaram-se dos fundamentos materiais e econômicos para o âmbito de práticas políticas e culturais autônomas (Harvey, 1998).

TEMPO E TECNOLOGIA

À mais genérica observação do que foi o século XX ficará evidente o impressionante desenvolvimento tecnológico a que se teve a oportunidade de assistir até agora.

Nos últimos dez anos assistimos à popularização de tecnologias que antes eram apenas acessíveis a sofisticados laboratórios e centros de pesquisa de países ricos.

Como observa *Marcondes Filho* (1998), a era tecnológica vem quebrando as barreiras culturais, político-nacionais e, sobretudo, as cronológicas. Mesmo em nosso país, marcado por sucessivas crises econômicas e por índices preocupantes da pobreza e desemprego, a população tem acesso a dispositivos bastante sofisticados em termos de tecnologia e informática.

Acompanhamos, em nossos dias, a crescente sofisticação dos meios de comunicação e a miniaturização das tecnologias que habitam nossas casas, nosso corpo e nossas cidades.

Para *Baudrillard* (1995), a máquina foi a marca registrada da sociedade industrial, enquanto o *gadget* constitui o emblema da sociedade pós-industrial. Por *gadget*, entende-se o objeto de consumo que perdeu, ainda que de maneira relativa, sua função objetiva de utilidade e que possui um caráter lúdico. As engenhocas que fazem parte de nosso cotidiano possuem, cada vez mais, essa dimensão lúdica por meio da qual nos encantamos com as cores, sons, propriedades e, acima de tudo, com a possibilidade de manipulação do objeto, o que nos insere em uma fascinante e mágica relação com ele. Parece, então, que os objetos, tendo perdido seu valor de uso e sua função simbólica, passam a ocupar nosso tempo exaltando a novidade e "distraindo-nos" com sua artificialidade e seus truques.

Novaes (1996) considera que a tecnologia não só passou a dominar as cidades, a produção, o comércio, a vida cotidiana e a intimidade do homem contemporâneo, como também se tornou a própria linguagem do mundo, a "mediação universal". Em nome da vantagem da rapidez dos equipamentos e da necessidade de preencher inexoravelmente o tempo de vida, o homem contemporâneo deixa de ter o tempo, de experimentar o vazio fecundo que lhe permitiria viver o espaço criativo da imaginação e da reflexão crítica.

Virilio (1995), a partir da análise da sociedade tecnologizada em que vivemos, afirma que a hegemonia do espaço cedeu lugar à soberania do tempo. Se até o século XIX a construção das cidades, as relações sociais, os dispositivos de controle e segurança baseavam-se, predominantemente, nas organizações do espaço, hoje, no início do século XXI, é o tempo instantâneo das tecnologias de ponta que organiza a vida humana nos grandes centros urbanos.

Pelos meios de comunicação instantânea (satélite, TV, cabos de fibra ótica, Internet...), os indivíduos permanecem onde estão; não é mais necessário partir, pois tudo "chega", vem ao encontro. A busca de algo fica restrita à digitação, e a velocidade torna-se a grande mentora da vida humana.

Até a metade do século XX havia um afastamento entre as pessoas que estavam dentro e as que estavam fora de um determinado espaço. Hoje, tal separação se dá pelo tempo: tempo das longas durações históricas, representadas por esparsos monumentos distribuídos pelas cidades, e a duração técnica, que instaura um presente permanente responsável pela perene destruição dos ritmos da sociedade e de sua cultura.

Nesse sentido, ocorre a concentração da mais vasta das extensões geofísicas, na medida em que o espaço se torna aquilo que impede que tudo esteja no mesmo lugar, a tecnologia avançada faz que os espaços se misturem como decorrência do esgotamento do tempo. Da mesma forma que os fatos são transmitidos ao vivo, os locais são intercambiáveis.

O presente passa a ser o tempo por excelência, fruto da velocidade das ondas eletromagnéticas, e não mais inscrito no tempo cronológico – passado, presente e futuro –, mas num "tempo cronoscópico: subexposto, exposto ou superexposto".

Virilio (1995) conclui seu livro *O espaço crítico* de maneira contundente:

> De fato, se estar presente é estar próximo fisicamente falando, apostemos que a proximidade "microfísica" das telecomunicações interativas fará com que amanhã nos ausentemos, não estejamos presentes para ninguém, encarcerados em um ambiente "geofísico" reduzido a menos que nada (p. 118).

Pelbart (1996) oferece uma visão semelhante a de Virilio, quando afirma que a televisão e o computador são os representantes máximos do ideal tecnológico-científico pós-moderno: priorização da velocidade absoluta, ausência de movimentos no espaço e conseqüente anulação do tempo e da duração. Como conseqüência, temos, a partir da informação total e da memória absoluta, a previsão dos acontecimentos futuros e sua concomitante neutralização. Assim, o devir antecede o presente, já que está registrado na memória do computador, e perde, dessa forma, sua abertura, seu caráter de desconhecido e motivador da criatividade.

O controle do tempo enquanto supressão da novidade parece ir de encontro a um sonho onipotente de tudo prever, garantir e imortalizar.

A SOCIEDADE E A DESMODERNIZAÇÃO

Touraine (1999) oferece-nos uma profícua análise da sociedade em que vivemos. Prefere o termo "desmodernização" à expressão "pós-modernidade", pois supõe que, apesar de uma série de rupturas com o paradigma moderno, ainda vivemos sob a influência de atributos da modernidade, o que caracteriza o presente como transição, e não como um processo acabado.

Vivemos hoje em uma sociedade globalizada em que as informações, os capitais, as mercadorias e as tecnologias atravessam todas as fronteiras. Em grande parte do mundo, os controles sociais e culturais exercidos pelo Estado, religião, família e escola perderam nitidamente a força. As fronteiras entre o normal e o patológico, o permitido e o proibido perderam sua nitidez. Há uma grande mistura de tempos e espaços; a distância e a duração perderam importância com a tecnologização crescente.

Das ruínas das sociedades modernas surgem, por um lado, redes globais de produção, de consumo e de comunicação e, por outro, forte tendência à "recomunitarização", enquanto formação de seitas, cultos e nacionalismos.

Presenciamos hoje a ruptura do mundo instrumental e do mundo simbólico; da técnica e dos valores, atravessando toda esta gama de experiências, desde a vida individual até a situação mundial. A "desmodernização", portanto, define-se como a dissociação e, conseqüente degradação, entre economia e culturas. Iniciou-se no fim do século XIX e ficou oculta durante e imediatamente após a Segunda Guerra Mundial.

Esse processo, a "desmodernização", envolve dois outros: a "desinstitucionalização" e a "dessocialização". Experimentamos o enfraquecimento ou o desaparecimento de normas, valores e julgamentos, regidos por instituições, que antes orientavam os comportamentos sociais.

Nessas condições, o indivíduo fica reduzido a uma espécie de mosaico de comportamentos tão díspares que impedem a criação de um princípio organizador da personalidade, buscando, muitas vezes, referência em uma herança cultural, religião ou memória.

Advém daí o paradoxo central de nossa sociedade: enquanto a economia se globaliza e se transforma aceleradamente pela presença de novas tecnologias, o indivíduo busca definir sua personalidade por meio do passado, e não mais pelo futuro. A perspectiva entre sistema e ator está em oposição direta, porque não temos hoje referências ideológicas que ajudem o indivíduo a construir sua subjetividade, enquanto a economia caminha indelevelmente em direção ao futuro.

A sociedade organizada a partir do consumo deixa de oferecer a base da socialização, que antes repousava "na complementariedade clássica da norma imposta" e da autonomia conquistada, e na aquisição de imagens de espaço e tempo associadas e integradas. Sem as referências dos papéis sociais, o indivíduo vê-se imerso na cultura de massa ou encarcerado em comunidades autoritárias. É patente seu sofrimento pela divisão, pela perda de identidade e da possibilidade de tornar-se sujeito.

É fundamental que o indivíduo resgate em si o desejo de ser ator de sua própria história (tornar-se sujeito) e o desejo de "individuação" (subjetivação).

Na "desmodernização", o papel da subjetivação não é mais o de defensor dos direitos do cidadão e do trabalhador, mas o de resistência do indivíduo à sua própria divisão interna e à angústia advinda de experiências cada vez mais contraditórias.

O indivíduo ou o grupo só poderão construir um espaço de autonomia que lhes permita o auto-reconhecimento quando buscarem combinar estes dois universos, instrumentação e identidade, cuja tendência é a de separação.

Assim, se perdemos as forças de integração criadas pela sociedade burguesa moderna, precisamos recriá-las, agora com novos tons, a fim de ensaiar outros movimentos de integração entre a globalização e a identidade pessoal e social.

A COMPRESSÃO DO TEMPO–ESPAÇO

Harvey (1998) utiliza essa expressão para designar os "processos que revolucionam as qualidades objetivas do espaço e do tempo a ponto de nos forçarem a alterar, às vezes radicalmente, o modo como representamos o mundo para nós mesmos" (p. 219).

O capitalismo, historicamente, vem acelerando substancialmente o ritmo de nossas vidas e propiciando o rompimento de barreiras espaciais. À "aldeia global" das telecomunicações somase a redução dos horizontes temporais a um presente soberano. Há, portanto, uma compressão dos nossos mundos, espacial e temporal, que demanda novas maneiras de lidar e interpretar o tempo e o espaço.

Nas duas últimas décadas temos vivido, particularmente, uma intensa compressão do tempo–espaço, que vem gerando um impacto significativo sobre a economia, a política e a vida sociocultural.

A aceleração de giro na produção e no consumo vem influenciando as formas de pensar, sentir e agir do indivíduo. Como conseqüência, presenciamos a crescente volatilidade e efemeridade de modas, produtos, idéias, valores e práticas sociais. O instantâneo e o descartável permeiam nossa experiência, desde os utensílios que empregamos no dia-a-dia até nossa maneira de pensar, viver e nos relacionar.

Não havendo mais valores perenes que sirvam de referência às práticas socioculturais e pessoais, estamos diante de um processo de fragmentação e ruptura do que denominamos sociedade. Fica claro aqui o desaparecimento do futuro como dimensão do tempo norteadora da ação humana, na medida em que, se tudo é volátil, como é possível planejar e contar com a qualidade prospectiva do tempo?

Vivemos a ditadura da imagem, na qual o poder da mídia tem sido soberano. Vale ressaltar a importância dos "simulacros" (réplica perfeita de objetos que inviabiliza a percepção da diferença entre a cópia e o original), que, com o aperfeiçoamento tecnológico, estão presentes em toda a parte, substituindo e superficializando o sentido da História, das cidades, dos monumentos e das obras de arte. Fica aqui implícita a banalização do passado histórico, que, por um estratagema, se torna presente.

Harvey (1998) parece concordar com Touraine (1999) quando afirma que, diante da efemeridade, há maior necessidade de apego a valores e verdades perenes. Daí o "revivalismo religioso", que ganhou força a partir dos anos sessentas, e a crescente tendência à "recomunitarização".

A televisão, a comunicação via satélite e, mais recentemente, a Internet propiciam a aproximação dos espaços mais distantes em um curto e até instantâneo lapso de tempo. Configura-se, mais uma vez, o processo de aniquilação do espaço pelo tempo, peculiar à dinâmica própria do capitalismo.

A compressão pós-moderna do tempo-espaço acaba colocando em questão nossa capacidade intrínseca de perceber, interpretar e lidar com as várias realidades que se nos revelam a todo instante. Há um crescente desmerecimento da percepção humana em prol da realidade tecnológica.

Virilio (1996) reafirma essa idéia ao se questionar como pudemos deixar de confiar em nossos próprios olhos para acreditar piamente na representação eletrônica, referendada pela velocidade da luz. Não é mais o olhar humano que norteia a avalia as experiências; em seu lugar, instala-se a tela e a avaliação eletrônica.

Deixemos aqui as sementes para os próximos capítulos, nos quais discorreremos sobre a percepção do tempo e sua apreensão subjetiva.

AH ESTA MEMÓRIA VADIA

*Ah esta memória vadia
Que encolhe histórias
e acontecidos
transforma bruma em sol
e rabisca
e risca
e transforma em pretérito
o que está acontecendo
projetando o que será
pelo que foi*

Fernando Millan (1987)

A PSICONEUROFISIOLOGIA DA TEMPORALIDADE

O suporte neurofisiológico da personalidade abarca a totalidade das estruturas encefálicas, sendo especialmente importante a intervenção do neocórtex. Existem várias estruturas do sistema nervoso envolvidas na noção de tempo: a formação reticular do tronco encefálico, o hipotálamo, o córtex, o sistema límbico, as vias aferentes... Daí podemos ter a noção de como é complexa a percepção e a consciência do tempo. Os processos emocionais, a sensibilidade, a regulação dos ritmos circadianos e a propriocepção estão, todos eles, envolvidos na aquisição e apreensão da noção do tempo. Se imaginarmos que os estímulos sensoriais nos fornecem informações sobre o mundo externo e interno, nos conectam com o manancial de registros contidos em nossa memória, mobilizam nossas emoções e sentimentos, teremos uma idéia de quantos elementos estão envolvidos em nossa experiência com o tempo.

Vale aqui apontar, também, para a grande importância das áreas de associação do córtex, que, no ser humano, ocupam um território cortical muito maior que os da área de projeção. Segundo *Machado* (2000), esse fato pode ter correlação com o enorme desenvolvimento alcançado pelas funções psíquicas no ser humano. As áreas de associação são aquelas que não se relacionam diretamente com a motricidade ou com a sensibilidade. São as áreas de associação terciária as que ocupam o topo da hierarquia funcional, pois, sendo supramodais (não se relacionam com nenhuma modalidade sensorial), têm a função de integrar as informações sensoriais previamente elaboradas e estabelecer as diversas estratégias comportamentais.

Mac Lean, eminente neurofisiologista, descreveu, na década de 1940, os três cérebros superpostos, que, segundo ele, compõem o cérebro humano (Arruda, 2000)[*]:

---

[*] Comunicação pessoal.

Cérebro reptiliano – Corresponderia ao dos répteis, cujas funções se referem à regulação de nossa atividade automática (temperatura, respiração, etc.). Sua capacidade de aprendizagem seria muito pequena.

Paleocórtex – Sobreposto ao reptiliano, corresponderia ao cérebro dos animais superiores até os primatas. Representado pelo sistema límbico, seria responsável pelos fenômenos emocionais e vegetativos. Sua capacidade de aprendizagem já seria muito grande, com forte tendência à repetição e à imitação.

Neocórtex – O mais nobre dos três corresponderia à hominização adquirida graças ao desenvolvimento do lobo préfrontal, da cesura têmporo-parietal, do movimento de abdução do polegar e da linguagem. Ao comandar as funções motoras e intelectuais, permite-nos o uso do simbolismo superior, dando primazia ao pensamento racional e à linguagem. É a partir do neocórtex que o ser humano se torna capaz de fazer predições ou premonições, passando a ser o único animal na escala zoológica que tem noção de sua própria morte.

Aqui se encontra um ponto fundamental, inclusive para nosso estudo sobre o tempo: a premonição maior que temos é a de nossa própria morte, de onde advém a angústia, que é, por sua vez, apanágio do existir humano.

Animais superiores, como o cachorro ou o macaco, possuem certa noção de tempo, em termos do horário de sua alimentação ou da chegada de seu dono. Entretanto, é somente o ser humano que tem a capacidade prospectiva a longo prazo, que culmina com a noção e consciência de sua própria morte.

Apesar de caminharmos inexoravelmente em direção ao nosso próprio fim, buscamos (ainda que em certa medida) nossa auto-preservação e a continuidade da espécie. Vivemos em constante busca de um equilíbrio entre as forças da natureza, as exigências da cultura e nossas próprias necessidades fisiológicas e psíquicas. Chegamos aqui ao conceito de homeostase: que "é o processo de auto-regulação pelo qual os sistemas biológicos tendem a se manter estáveis, ou tendem a manter a sua estabilidade ajustada em equilíbrio dinâmico" (Arruda, 1990, p. 23). Esse equilíbrio resiste a modificações internas e externas, e se, porventura, o sistema for perturbado, dispositivos auto-reguladores serão acionados com o intuito de estabelecer um novo equilíbrio. Existe um *plateau* homeostático que sustenta a vida, cujos limites, se ultrapassados, poderão acarretar o desenvolvimento de doenças. A homeostase é obtida por meio do organismo como um todo, sob vários níveis de controle e subcontrole. Tudo aquilo que ameaça a vida funciona como estresse e mobiliza respostas adaptativas por parte do organismo, que reage como um todo (Selye *apud* Arruda, 1990).

Chegamos agora a um ponto de crucial importância para nosso tema: a visão holística do ser humano, que, apesar de ser muito antiga, foi profundamente abalada pela filosofia de René Descartes, que dividiu o ser humano, em mente e corpo. Tal dicotomia resultou na divisão do estudo do homem: o corpo seria prerrogativa da ciência e o espírito ou mente seria abordado pela Filosofia. Somente os fenômenos orgânicos, por serem passíveis de demonstração e mensuração, é que poderiam ser pesquisados cientificamente (Arruda, 2000)[*].

A idéia de desenvolver este capítulo sobre a psiconeurofisiologia da noção de tempo advém justamente da intenção (ou, quem sabe, pretensão!) de reunir e integrar mente-corpo, devolvendo o caráter uno do ser humano. Não poderíamos, assim, abrir mão dos fundamentos da fisiologia do sistema nervoso, dos conhecimentos da psicossomática e das contribuições da psicopatologia para ampliar a reflexão sobre nosso tema.

A orientação no tempo e no espaço depende diretamente da memória (fixação e evocação), da atenção, do pensamento e da compreensão. Em termos de desenvolvimento, o tempo organiza-se depois do espaço e, psicopatologicamente falando, desorganiza-se antes. Isso ocorre porque a noção de tempo é mais abstrata, tem maior complexidade estrutural e está relacionada a

---

[*] Comunicação pessoal.

vários dados psíquicos obtidos por meio de outras funções psíquicas (Fernandez, 1979).

Segundo *Ogara e outros*, (1981), podemos distinguir, do ponto de vista psicológico, três tipos de tempo:

Tempo cronológico: é o tempo objetivo, externo e mensurável. Transcorre inexorável e independentemente do sujeito, e possui uma medida espacial exata.

Tempo vivido: é o tempo subjetivo, pessoal, íntimo, variável de acordo com nosso estado de ânimo. Surge das estruturas profundas da personalidade e está vinculado à esperança, à dor e aos desejos.

Tempo vivenciado: é o tempo que emana do sujeito e, concomitantemente, leva em conta o tempo externo. Constitui-se em uma tentativa de ajustar e equilibrar o tempo subjetivo com o objetivo. Utiliza medidas imprecisas advindas de nossas estruturas endógenas ou vegetativas, isto é, dos ritmos biológicos. Trata-se do tempo que abarca as noções de passado, presente e futuro. Cada sujeito que se refere ao passado, por exemplo, está se referindo tanto a um tempo objetivo passado quanto ao seu tempo pessoal passado, cuja medida é eminentemente individual.

É notória a transformação da apreensão que temos do tempo no transcorrer da vida. A criança pequena vive basicamente no presente, porque ainda não lhe é possível construir uma perspectiva temporal, isto é, atualizar adequadamente o passado e elaborar projetos futuros (Fernández, 1979). O adolescente começa a experimentar mais profundamente a passagem do tempo, dando-se conta de que não morrem somente os mais velhos ou somente os outros; o relógio passa a funcionar também para ele (Cohen, 1995). Para o idoso, o tempo é contado por décadas e a proximidade da morte dá-lhe sensação de que o tempo passa rápido demais. Por essa razão poderá apegar-se nostalgicamente ao passado (Fernández, 1979).

É possível caracterizar cada uma das psicopatologias, que nada mais são, como vimos, do que rupturas da homeostase, a partir de sua relação com o tempo. Não nos deteremos aqui em examinar cada uma delas, mas citaremos, a título de ilustração, a relação do deprimido e do maníaco com o tempo. Nas síndromes depressivas deixa de existir a vivência do tempo transcorrido: o presente não é mais continuação do passado e o futuro torna-se inacessível. Passa a haver um império do passado, com a inibição ou suspensão da possibilidade do ser temporal. Na medida em que o impulso vital está paralisado, em decorrência da tristeza e da inibição, o sujeito percebe o transcurso do tempo muito lentificado ou, até mesmo, como se houvesse estancado definitivamente.

Nos estados maníacos há a hegemonia do presente, que aparece atomizado e subdividido em instantes não integrados entre si. O tempo vivido não pode progredir com um sentido de continuidade, mas por saltos sem conexão. Para o maníaco, o tempo passa muito rápido, "impedindo" a realização das inúmeras atividades a que se propõe. Se o presente é inflacionado, não há projeções para o futuro nem construções do passado na memória.

No que se refere ao exame psíquico do paciente, podemos dizer que a importância da história clínica reside, em grande parte, em seu caráter prospectivo. O futuro é, por excelência, o tempo considerado na anamnese, não só porque estamos interessados em recolher informações sobre o que o paciente foi, como está e o que pretende obter, mas também porque nosso objetivo é transcender o futuro, apontando na direção de uma possível cura. Devemos considerar ainda que o desenvolvimento da personalidade é, em grande parte, a história de um projeto, o que ratifica, mais uma vez, a importância prospectiva da história clínica (Fernández, 1979).

Em síntese, podemos dizer que a noção de tempo depende de diferentes estruturas do sistema nervoso, de um equilíbrio dinâmico entre meio interno e meio externo (homeostase) e de várias funções psíquicas. O estudo do tempo vem, dessa forma, refutar a idéia de uma dicotomia mente-corpo, na medida em que envolve elementos tão diversos.

Perguntei ao tempo de onde ele vinha,
Perguntei ao tempo qual a medida
de seu passo imenso.
Perguntei ao tempo que ar ele respira
no seu amplo peito
Perguntei ao tempo qual o mistério
de que ele é feito.
E, no arfar do silêncio,
vi apenas minh'alma
dentro do tempo.

Durval Marcondes (1965)

O TEMPO E A PSICANÁLISE

É vasta e consistente a bibliografia psicanalítica sobre a questão da temporalidade. Apesar de não termos um texto freudiano específico sobre o tema, é possível encontrar referências explícitas de Freud sobre o tempo e o funcionamento psíquico humano. Sem dúvida alguma, é a intemporalidade do inconsciente o ponto gerador de maior polêmica entre os autores que escreveram sobre o assunto. Antes de ingressarmos nesta discussão, citaremos, retomando o importante artigo de *Gabbi Jr.* (1989), os textos freudianos que fazem menção à intemporalidade do inconsciente.

A primeira referência data de 1897: o chamado *Manuscrito M* da correspondência de *Freud a Fliess*: "As correções temporais parecem depender precisamente da atividade do sistema consciente" (Freud, 1973, p. 3571).

A referência seguinte encontra-se na *Etiologia da histeria* (1896): "É como se a dificuldade de descarga e a impossibilidade de transformar uma impressão atual em uma recordação inofensiva dependessem precisamente das características peculiares do inconsciente psíquico" (Freud, 1973, p. 315).

Na *Interpretação dos Sonhos* (1900), encontramos esta citação: "A indestrutibilidade é uma das peculiaridades singulares dos processos deste gênero (inconscientes). No inconsciente não há nada que chegue a um término, nada é passado ou esquecido" (Freud, 1973, p. 696).

Em uma nota de rodapé datada de 1907, no texto *Psicopatologia da vida cotidiana*, *Freud* afirma que:

> É muito provável que o tempo não atue diretamente no esquecimento. Pode-se comprovar que os traços mnêmicos recalcados não sofrem qualquer alteração no transcorrer de longos períodos de tempo. O inconsciente está, em geral, fora do tempo (Freud, 1973, p. 928).

Curiosamente, a próxima citação, em sua versão espanhola, não contém uma frase, de suma importância para nosso tema, que, no original alemão aparece claramente. Sendo assim, aproveitaremos o trecho citado por *Gabbi Jr.* (1989), cuja tradução foi feita diretamente do original para o português. Trata-se do texto *Sobre o começo do tratamento* (1913):

> A abreviação da cura psicanalítica permanece um desejo justificado, cujo preenchimento, como veremos, é ambicioso a partir de diferentes caminhos. Infelizmente se opõe a eles um fator muito importante, a lentidão com que se realizam modificações anímicas profundas, em última análise precisamente a "intemporalidade" dos nossos processos inconscientes (Ergaenzungsband *apud* Gabbi Jr., 1989, p. 190).

Esse último trecho é a que não consta da edição espanhola e que justamente reafirma a intemporalidade do inconsciente e a relaciona à impossibilidade de estabelecer curtos períodos de tempo para o trabalho psicanalítico.

No ano seguinte, *Freud* publica *Introdução ao Narcisismo* (1914), no qual, em uma nota de rodapé, faz a seguinte observação:

> Gostaria de acrescentar, ainda que somente como hipótese, que o desenvolvimento e fortalecimento desta instância observadora pode conter dentro de si a origem posterior da memória (subjetiva) e do fator temporalidade que não vale para os processos inconscientes (Freud, 1973, p. 2030).

Como não poderia deixar de ser, é em seu texto *O inconsciente* (1915) que *Freud* explicita as principais características deste sistema e, entre elas, a da intemporalidade:

> Os processos do sistema inconsciente se encontram fora do tempo; isto é, não aparecem ordenados cronologicamente, não sofrem modificação alguma com o transcurso do tempo

e não têm nenhuma relação com ele. A relação temporal também está ligada com o trabalho do sistema consciente (Freud, 1973, p. 2073).

Quando, entre 1914 e 1918, relata a *História de uma neurose infantil – o caso do homem dos lobos*, compara a atitude desejável do psicanalista com o aspecto intemporal do inconsciente:

Quanto à atitude do médico, posso somente dizer que em tais casos deve manter-se tão alheio ao tempo quanto o é o inconsciente e saber renunciar a todo efeito terapêutico imediato se quiser descobrir e conseguir algo positivo. Além disso, poucos casos exigem por parte do paciente e de seus familiares tanta paciência, docilidade, compreensão e confiança. Para o analista pode-se dizer que os resultados conquistados depois de um longo trabalho em um destes casos haverão de lhe permitir abreviar substancialmente a duração de outros tratamentos analogamente graves, para ir superando a intemporalidade do inconsciente, por ter justamente se submetido a ela em uma primeira vez (Freud, 1973, p. 1943).

Freud refere-se, nesse trecho, à importância das descobertas analíticas, que sobrepujam a questão da duração do tratamento. Reforça aqui a idéia da lentidão inerente às descobertas psicanalíticas do universo psíquico.

Posto que o inconsciente não funciona segundo variações do tempo, cabe apontar de onde vem nossa noção de tempo. Em *Além do princípio do prazer*, texto de 1920, *Freud* escreve:

Vou me permitir, ao chegar neste ponto, tocar rapidamente em um tema que merece ser tratado profundamente. O princípio kantiano de que o tempo e o espaço são duas formas necessárias de nosso pensamento pode, hoje, ser submetido à discussão graças a certos descobrimentos psicanalíticos. Temos visto que os processos anímicos inconscientes encontram-se "fora do tempo". Isto significa que não podem ser ordenados temporalmente, que o tempo em nada os altera e que não se pode utilizar com eles a idéia de tempo. Tais características negativas aparecem com toda clareza quando se compara os processos anímicos inconscientes com os conscientes. Nossa idéia abstrata do tempo parece advir do funcionamento do sistema perceptivo-consciente e deve corresponder a uma auto-percepção deste sistema (Freud, 1973, p. 2521).

A aquisição da noção de tempo é prerrogativa do sistema perceptivo-consciente e vai ocorrer a partir do funcionamento descontínuo deste sistema. Os estímulos internos e externos são percebidos conscientemente, desde que o sistema perceptivo-consciente esteja investido de energia psíquica. Quando esta é retirada do sistema, a consciência se apaga e cessa a função perceptiva. Isso ocorre quando certa quantidade e intensidade de estimulação se apresentou ao sistema perceptivo-consciente, provocando nele uma retração e uma insensibilidade transitória.

Em *O bloco mágico*, de 1924, *Freud* reafirma essa idéia:

Finalmente, supomos também que este funcionamento descontínuo do sistema perceptual constitua a base da noção de tempo (Freud, 1973, p. 2808).

A descontinuidade ocorre para que o que foi percebido no mundo externo seja comparado com as representações objetais já existentes no aparelho psíquico. É a partir desse confronto entre percepção e representação que terá origem a representação do tempo.

Para encerrar as citações de *Freud* sobre o tempo, apresentamos um fragmento da XXXI conferência das *Novas Conferências Introdutórias* (1932):

No *id* não há nada que corresponda à representação do tempo; não há reconhecimento de um decurso temporal, fato este bastante importante e que espera ser considerado pelo pensamento filosófico, e não há nenhuma modificação do processo anímico pelo decurso do tempo (Freud, 1973, p. 3142).

Mais adiante, na página seguinte, *Freud* afirma:

Também a relação com o tempo, tão difícil de descrever, é introduzida no ego pelo sistema perceptual; restam poucas dúvidas de que a forma de trabalho deste sistema dê origem à noção de tempo (Freud, 1973, p. 3143).

Podemos apreender, de todas essas citações, a importância e a dificuldade de se lidar com o tema do tempo; a intemporalidade do sistema inconsciente e a origem da noção do tempo no sistema perceptivo-consciente.

A INTEMPORALIDADE DO INCONSCIENTE

O conceito de inconsciente é, sem dúvida, a pedra angular da Psicanálise, enquanto teoria do psiquismo humano. O sistema inconsciente define-se como a sede das pulsões e das representações recalcadas. É regido pelo processo primário[1], abriga opostos que não entram em contradição, possui mobilidade das catexias e não está submetido a qualquer lei temporal.

Qual seria o significado da intemporalidade do inconsciente?

---

1. Segundo Laplanche e Pontalis (1992), o processo primário e o secundário são modos de funcionamento do aparelho psíquico, correlatos, respectivamente, ao princípio do prazer e ao princípio de realidade. O processo primário caracteriza o sistema inconsciente em que a energia psíquica escoa livremente, passando de uma representação à outra pelos mecanismos de deslocamento e condenação, visando à satisfação imediata do desejo. O processo secundário caracteriza o sistema pré-consciente-consciente, em que a energia psíquica escoa de maneira controlada, as representações são investidas de modo mais estável e a satisfação pode ser adiada.

Esse é um ponto polêmico da teoria freudiana, e vários autores têm oferecido suas interpretações que, longe de serem excludentes, acabam sendo complementares, pois revelam ângulos distintos da questão.

Boschan (1991) afirma que a intemporalidade do inconsciente é o que dá substrato à afirmação freudiana de que o material apresentado pelo paciente em análise tem sua raiz em acontecimentos traumáticos do passado, que permanecem preservados, a despeito da passagem do tempo.

Bianchi (1991) mostra que o trauma, ao atravessar a barreira de pára-excitações, inscreve-se fora do tempo sucessivo, realista e secundário, estando, assim, sujeito à repetição indefectível. Nesse sentido, o acontecimento traumático fica inscrito no espaço, e não no tempo, residindo aí o segredo de sua permanência e imutabilidade. Na medida em que é dominado pela intensidade energética pura, o funcionamento do sistema inconsciente exclui qualquer efeito de intervalo de tempo. É a partir da ligação com o mundo exterior que o sujeito tem acesso ao tempo.

Goldfarb (1998) complementa afirmando que a intemporalidade não significa um inconsciente fora de qualquer tempo, mas sob o domínio do presente permanente da repetição. Os processos inconscientes são imunes à cronologia, ou seja, não sofrem alterações com o transcurso do tempo. O que ocorre é o domínio do processo primário, enquanto energia livre, identidade de percepção e repetição, em que o presente é absoluto.

Press (1997), aproveitando as contribuições de Duparc, diz que o fato da representação do tempo não existir no inconsciente não significa que o tempo não esteja inscrito em seu funcionamento, nos trajetos, nas transferências, nas traduções e transformações que articulam os diversos tipos de representações psíquicas. Questiona o fato de que se o inconsciente é caracterizado pelo livre fluxo da pulsão: ainda que regido pelo princípio do prazer, como lhe negar toda e qualquer temporalidade?

Malpique (1997) também considera controversa a idéia de intemporalidade do inconsciente, na medida em que, sendo este depositário do material recalcado[2], abriga a memória e os conteúdos do recalque, que, por sua vez, não são absolutamente estáticos. Da mesma maneira, estando o inconsciente profundamente ligado aos ritmos biológicos, ao universo ao qual o sujeito pertence, é difícil admitir que não haja nenhuma marca temporal em suas manifestações. O que certamente não existe no inconsciente é a noção conceitual de tempo. Afirma que o próprio Freud se contradisse quanto à ausência de espaço/tempo no inconsciente quando admite que, no sonho, as relações temporais aparecem sob a forma de relações espaciais.

Bittencourt (1992) reporta-se a dois conceitos gregos, *Kronos* e *Kairós*, para tentar compreender a questão da temporalidade humana. De um lado está *Kronos*, que se refere ao tempo medido pelos relógios e calendários, apreensível pelo sistema perceptivo-consciente. De outro lado está *Kairós*, que é a ocorrência pura, o tempo fundamental da subjetividade, que não é passível de ser medido, tendo em vista o alto grau de singularidade que possui. *Kairós* aproxima-se da noção de intemporalidade do inconsciente em que os processos não se ordenam temporalmente e não se alteram com a passagem do tempo. Pode-se dizer que o inconsciente abriga todos os tempos e, portanto, quando se fala em regressão, não significa que se volta ao passado, uma vez que ele ali sempre esteve presente. Na regressão há a retomada de velhos caminhos que, na verdade, nunca deixaram de existir como tais.

Baptista (1996) faz notar que data da primeira tópica[3] a noção de intemporalidade do inconsciente em oposição à tempora-

---

2. Segundo Laplanche e Pontalis (1992), o termo recalcamento é utilizado para designar a operação efetuada pelo sujeito para repelir ou manter no inconsciente representações ligadas a determinada pulsão que, se por um lado proporcionariam prazer uma vez satisfeitas, por outro ocasionariam desprazer por sua discordância com outras exigências (superegóicas, por exemplo).
3. Segundo Laplanche e Pontalis (1992), as duas teorias tópicas desenvolvidas por Freud referem-se à diferenciação do aparelho psíquico em diferentes sistemas e funções. A primeira tópica data de 1900 e divide o aparelho psíquico em inconsciente, pré-consciente e consciente. A segunda tópica (1920) distingue três instâncias psíquicas: id, ego e superego.

lidade do consciente. Dessa oposição dialética é que foi possível pensar o processo secundário, que domina a consciência, como passível de desenvolvimento, na medida em que só o tempo é capaz de proporcionar desenvolvimento. Do inconsciente poder-se-ia falar de um mundo caótico e intemporal, sujeito às ações do processo primário e, portanto, isento de possíveis desenvolvimentos. Considera, então, que a teoria psicanalítica da primeira tópica foi toda formulada com base no conceito de tempo e de sucessão temporal.

Rubio (1998) argumenta a favor da existência de uma representação de tempo no sistema inconsciente. Pondera que para estar totalmente isento da influência do tempo, o inconsciente deveria ser um sistema totalmente fechado o que, na realidade, não o é, pois é permeável às influências do sistema consciente exercidas, inclusive, pelo processo psicanalítico. Além disso, sendo um sistema dinâmico pressupõe, por definição, a existência de mobilidade, mudança e, portanto, do transcurso do tempo.

Define como "flecha psicológica do tempo" a capacidade de registrar experiências, capacidade esta que ocorre, inclusive, no sistema inconsciente o que, por si só, reforça a idéia do transcurso do tempo.

Finalmente justifica sua idéia dizendo que se é possível falar em espaço psíquico, isto o autoriza a introduzir o conceito de espaço-tempo tetradimensional, pois os conceitos de espaço e tempo são inseparáveis. Apesar de serem diferentes em qualidade, as dimensões espaço-tempo do inconsciente são influenciadas pelas dimensões espaço-tempo da Física.

O autor conclui afirmando que o universo é uma totalidade e o inconsciente, fazendo parte do mesmo, não deixará de sofrer influências, como todos os demais sistemas vitais, da ação da flecha do tempo. Evidencia-se o papel construtivo do tempo enquanto produtor de coerência (ordem) e criatividade (desordem), dentro de um conjunto probabilístico. O inconsciente funciona de maneira instável ou caótica ao produzir irreversibilidade, ruptura de simetrias, ordem e desordem, o que revela a ação descontínua da flecha do tempo em seu funcionamento.

Nejamkis (1991) considera que Freud, ao falar da intemporalidade do inconsciente, tomou o tempo como algo absoluto, de acordo com as idéias da física newtoniana, vigentes na época. Propõe, então, que se aplique a Teoria da Relatividade à mente humana, a partir de sua tese fundamental – o *continum* espaço-tempo. Se hoje as teorias sobre o tempo mudaram, por que não rever um conceito que foi formulado sob a influência de idéias já ultrapassadas?

Sua hipótese é que o inconsciente descrito por Freud possui um tempo que corresponde ao espaço-tempo relativo, cuja dimensão principal é a velocidade. Vários artigos de Freud atestam a importância e a influência do tempo (e da velocidade) nos processos mentais, tais como *Luto e Melancolia, O Inconsciente,* entre outros.

É necessário pressupor a existência de um tempo no inconsciente para que se possa interpretá-lo. Na realidade existem tempos distintos ou velocidades diferentes entre as instâncias psíquicas.

Segundo *Tanis* (1995), a Psicanálise considera duas tendências inerentes à temporalidade do sujeito: no id há um tempo eterno, que obedece ao processo primário e à obstinação onipotente do desejo; no corpo e na existência humana há um tempo finito relativo à castração, às perdas, à morte. É justamente na intersecção desses dois tempos que o indivíduo se insere na vida. O processo psicanalítico vai trabalhar no sentido de constituir, como memória, o modo de funcionar pertencente ao passado. Re-significar a história do sujeito é permitir a circulação entre tempos outrora estanques, por meio da instauração do princípio de realidade.

Gondar (1996) ressalta que a intemporalidade do inconsciente não é absoluta em si mesma, mas relativa à consciência. O inconsciente funciona segundo uma modalidade temporal própria, ou seja, o *a posteriori* que, ao invés de ser uma idéia abstrata como no caso da consciência, é um tempo próprio de um modo de funcionamento. Trata-se de um tempo real que deixa sua marca indelével: a cada momento que os traços mnêmicos se rearranjam, um novo sentido é produzido e, por instaurar uma diferença qualitativa no arranjo anterior, é um sentido irreversível.

Quanto às pulsões, fala de um tempo circular para a pulsão sexual e de um tempo vazio para a pulsão de morte. O percurso para a satisfação da pulsão sexual é sempre repetido, num eterno recomeçar. O caráter disjuntivo, caótico, vazio de determinação, característicos da pulsão de morte, constituem um tempo do acaso, sem antes ou depois, um devir disperso e sem governo.

A autora conclui dizendo que a pulsão é condição fundamental para a temporalização humana, pois, por meio das tentativas do psiquismo de dominar seu tempo selvagem, vão sendo produzidos encadeamentos ou ordenações temporais.

A PERCEPÇÃO DO TEMPO

Este é um tema profundamente complexo que pode ser abordado sob várias ópticas: desde a Física até a Psicanálise, passando pela Neurologia e pela Psicologia.

O nosso interesse irá recair na psicogênese da noção de tempo em termos das relações de objeto, ou seja, sob o vértice psicanalítico.

Hagelin (1991) apresenta uma teoria sobre a gênese da noção de tempo desde as fases mais primitivas do desenvolvimento psíquico. Pressupõe que tal noção é fruto da interação que se dá entre o id, o ego e o superego. De um modo particular as funções do ego e do superego estão diretamente ligadas aos tempos presente (percepção) e futuro (ideal do ego[4]).

---
4. Segundo Laplanche e Pontalis (1992), o termo ideal do ego refere-se a um modelo ao qual o sujeito procura adequar-se ou seguir, cuja origem é basicamente narcísica.

Como se constitui a noção de tempo sob o prisma do desenvolvimento psíquico? Na vida pré-natal eram os sinais físico-químicos os responsáveis por respostas imediatas e incondicionais. Com o nascimento, serão os sons e os gestos, que produzirão respostas não mais instantâneas, mas mediatizadas pelos objetos primários (figura materna). Conseqüentemente, o bebê estará exposto, em grau sempre crescente, à frustração da espera. Aos poucos vai percebendo que não é a onipotência de seus desejos e necessidades que promove a satisfação, mas, sim, o mundo externo por meio de seus objetos primários, os quais passam a ser investidos pela onipotência. A satisfação rítmica, a frustração da espera e a noção da existência dos objetos primários inauguram uma nova dimensão da experiência do bebê com o mundo: a dimensão espaço-temporal. Entre a percepção de um desejo ou necessidade e a satisfação concomitante, delineia-se um intervalo de tempo, sentido como desprazeiroso pelo bebê. Tais estados de desprazer são precursores dos estados de consciência responsáveis pela discriminação mundo interno-mundo externo, indispensável para o estabelecimento do sentido de realidade.

Concomitantemente ao descobrimento dos objetos externos como fontes de satisfação e como meios de diferenciação ego-não-ego, vai se dando a percepção do espaço como palco de relações, de movimento, da simultaneidade e da sucessão. Podemos imaginar que, ao sentir fome, um bebê começa a dar mostras de sua necessidade por meio de sons (choro) e movimentação corporal. À medida que esta situação se vai repetindo e, quando após certo lapso de tempo a mãe se aproxima para satisfazê-lo, o bebê vai sendo capaz de discriminar certos sons e movimentos característicos que insinuam a chegada da satisfação. Assim, os passos da mãe, sua voz, o ruído da porta, etc., vão "preenchendo" o vazio da frustração, como indícios da proximidade do objeto de satisfação.

Estamos falando de funções egóicas como percepção, memória, juízo de realidade que, embora incipientes, contribuem para o estabelecimento da noção de tempo. O desenvolvimento dessas funções depende fundamentalmente da constância objetal. Este aspecto foi tema de estudo de *Winnicott* (1975), para quem a presença constante da mãe é de fundamental importância para o desenvolvimento psíquico do bebê. Acredita que o mundo deve ser apresentado em pequenas doses para o bebê. De início, a mãe deve se apresentar quase que imediatamente para satisfazer a necessidade de seu bebê para, paulatinamente, ir retardando sua chegada.

O bebê vai criando o mundo ao ter a ilusão de que o seu próprio desejo cria o objeto de satisfação. Aos poucos vai percebendo a existência da mãe como provedora, e os intervalos que o separam dela vão gerando seu sentido de realidade. A presença da mãe, ainda que qualitativamente diferente no transcorrer do primeiro ano de vida vai ser determinante para o desenvolvimento do verdadeiro *self*.

Hartocollis (1974), partindo da teoria de Melanie Klein, apresenta idéias fundamentais para a compreensão do desenvolvimento ontogenético da noção de tempo. Esta é resultado da integração de duas áreas do desenvolvimento psicológico: funções egóicas rudimentares responsáveis pela percepção espacial (movimento, simultaneidade e sucessão) e estados motivacionais primitivos definidos como relações de objetos internos.

Para que se desenvolva a consciência do tempo é necessário que se tome consciência de dois aspectos da realidade física: a consciência do movimento (os objetos movem-se e modificam-se) e a consciência dos objetos como sendo únicos, contínuos e relativamente estáveis. Reafirma-se aqui a visão freudiana de que o tempo é uma modalidade da consciência. O autor cita Marie Bonaparte, que se refere à idéia de que a noção que temos da passagem do tempo advém da percepção da passagem de nossa própria vida, isto é, a percepção de um fluxo interno propicia a projeção deste movimento no mundo externo. Lembra também que Freud afirma que o modo de funcionar do sistema perceptivo-consciente está na origem da noção de tempo: a atenção que dispensamos aos objetos é caracterizada por rápidas e sucessivas catexias que serão utilizadas pela percepção e transformadas em continuidade. Este seria o protótipo do tempo que é projetado no mundo externo. A equação "atenção = percepção = tempo" é representativa dessas idéias. A descontinuidade de funcionamento do sistema perceptivo-consciente está na origem do conceito de tempo.

É freqüente, na literatura psicanalítica, a referência aos ritmos biológicos como precursores do surgimento da noção de tempo. Os ciclos sono-vigília, fome-alimentação e ritmo respiratório estão na base da aquisição da temporalidade.

Fundamental, no artigo de *Hartocollis* (1974), é a relação dialética estabelecida entre o desenvolvimento do sentido de tempo e a transformação dos afetos primitivos (prazer-desprazer) em afetos específicos como ansiedades, depressão, elação, etc. São os afetos desenvolvidos a partir das relações objetais e, mais especificamente, da constância das relações objetais que proporcionarão o desenvolvimento da temporalidade.

A capacidade de antecipação protege o bebê da experiência traumática advinda da falta momentânea de cuidados. Esta capacidade surge da experiência alucinatória do desejo que, por sua vez, envolve a memória do seio bom ou da boa mãe. Dito de outra forma, quando o bebê experimenta uma certa tensão e a mãe não está ali para aliviá-lo, a imagem do bom objeto ou sua representação emergem como fantasia e unem-se à imagem do *self* para proteger o bebê daquele *quantum* de tensão. Se a mãe demora a chegar, a imagem do bom objeto tende a ir desaparecendo, dando lugar à imagem do mau objeto. O esforço para, por um lado, manter presente a imagem do bom objeto e, por outro, expulsar o mau objeto cria condições para que a habilidade de antecipar o futuro se desenvolva. O afeto preponderante desta fase é a ansiedade, quando a tensão ainda é tolerável. Entretanto, se a ausência da mãe perdura e a tensão do bebê aumenta, o mau objeto tende a prevalecer sobre o bom objeto; a ansiedade dá lugar ao medo e o processo de antecipação do futuro fica obliterado. Supondo, em um último estágio, que a mãe não atenda às demandas do bebê, este ficará à mercê de um *quantum* de excitação insuportável, que o fará regredir a um nível de indiferenciação da imagem do mau objeto e do próprio *self*, configurando-se assim uma experiência de dimensões catastróficas, em que o tempo deixa de existir.

Quando, ao contrário, há constância objetal, o processo alucinatório vai sendo substituído pela habilidade de antecipar a chegada do bom objeto. Junto a isso, a integração das imagens do bom e mau objetos vai sendo internalizada, perfazendo um objeto estável, realista e diferenciado do *self*. A confiança na habilidade de prever a chegada do bom objeto vai promover a catexia do ambiente, que será experimentado como possuindo continuidade ou duração. Toda essa situação vai adquirindo qualidade de tempo, ou seja, perspectiva de futuro.

O autor utiliza o termo *specious present* para designar a experiência da duração. Tal experiência ocorre no intervalo entre a necessidade e a chegada ou não da satisfação. Este é um ponto bastante interessante: a percepção do transcorrer do tempo ocorre dentro de limites. Se o bebê é atendido em suas necessidades, usufrui a chegada da satisfação, vivendo um estado prazeroso de ausência de tempo. Se, ao contrário, a satisfação não chega, o bebê vai perdendo a noção do fluxo do tempo, até mergulhar em uma situação de desprazer (que pode, como já foi dito, evoluir para uma experiência catastrófica), em que o tempo deixa de existir. Verificamos, portanto, que a noção de tempo enquanto duração, vai ocorrer em um período de relativa tensão. Tanto a insatisfação persistente quanto a satisfação da necessidade propiciam a suspensão da percepção do fluxo do tempo. É a falta, a ausência e o desejo insatisfeito que promovem, até certa medida, o desenvolvimento da noção da passagem ou fluxo do tempo. Para o adulto, experimentar o tempo passar, está intrinsecamento relacionado à memória dos fatos passados. Para o bebê, no entanto, evocar lembranças do passado não é parte integrante da experiência do transcorrer do tempo; o que ocorre é a ativação da experiência de satisfação, que evoca o senso do presente e não do passado. Quando a tensão pela necessidade insatisfeita aumenta, a experiência alucinatória torna-se impotente e o bebê antecipa que o pior está por vir, por meio do medo da desintegração e aniquilamento, configurando-se, então, uma noção rudimentar de futuro.

A partir do que foi dito, pode-se presumir que a noção de futuro desenvolve-se antes da noção de passado, pela antecipação da satisfação ou da frustração, que podem advir da experiência de tensão vivida no presente. A noção de passado deverá surgir quando houver maior integração dos aspectos bons e maus do próprio *self*, isto é, quando o sujeito for capaz de ter consciência de que é o mesmo *self* que experimenta tanto as situações de gratificação afetiva com a mãe, quanto aquelas ocasiões de frustração e de ódio. Daí advém o conhecimento do passado como dimensão da experiência: o bebê é capaz de aceitar um "mau" passado em vez de negá-lo, uma ferida narcísica como um fato, mas nem por isso catastrófica. Concluindo: o sentido de futuro aparece primeiro, através da experiência de ansiedade; a noção de passado surge depois, a partir da memória subjetiva e do sentimento de culpa e preocupação.

A consolidação do sentido de tempo, enquanto diferenciação passado-futuro vai ocorrer quando o ego estiver diferenciado do id e a repressão tiver se tornado o mecanismo de defesa por excelência, ocupando o lugar dos mecanismos primitivos vigentes até então (Kernberg *apud* Hartocollis, 1974).

A habilidade de transitar confortavelmente ao longo da dimensão temporal, avaliando as conseqüências de atos reais ou imaginários e prevendo mudanças desencadeadas por esforço próprio, é função egóica que, com o desenvolvimento do sujeito, será incorporada às prerrogativas do superego. O estabelecimento do superego como instância psíquica autônoma contribui substancialmente para a conceitualização do tempo, na medida em que é função superegóica avaliar riscos, medir conseqüências, estabelecer parâmetros de conduta, sincronizar atividades próprias com as de outras pessoas, enfim, fornecer referências para que o indivíduo possa se adaptar às condições em que vive. A crescente influência do superego junto ao desenvolvimento da linguagem e da lógica simbólica permitem que o sujeito use o conceito de tempo de maneira adaptativa, objetiva e referencial.

Duparc (1997) sublinha a importância do ideal do ego para a temporalização do sujeito. A tensão entre as exigências do seu ideal de ego e as críticas do superego tornam-se a mola propulsora da temporalização do sujeito, de sua herança em direção ao seu destino, desde o passado até o futuro. Trata-se aqui dos modelos parentais que são interiorizados e triados pelas instâncias ideais e superegóicas. O narcisismo primário[5] é sustentado pelo olhar recorrente dos pais que projetam no filho seus desejos não realizados, com a expectativa que ele possa realizá-los. Por não corresponder à imagem ideal dos pais, o sujeito experimenta o fim da vivência intemporal narcísica para entrar na descontinuidade temporal atravessada pela perda e pela castração.

Segundo *Meltzer* (1979), estar no mundo é, de um ponto de vista psicanalítico, ocupar um espaço vital que compreende quatro compartimentos da subjetividade (fantasia) e que transita pela dimensão temporal. Tais compartimentos são: dentro do *self*, fora do *self*, dentro dos objetos internos e dentro dos objetos externos.

As quatro dimensionalidades que se seguem referem-se ao desenvolvimento dos citados compartimentos e da correspondente dimensão temporal.

Unidimensionalidade – fase de não-diferenciação *self*-objeto, em que a satisfação não se diferencia da fusão com o objeto.

---

5. Segundo Laplanche e Pontalis (1992), este conceito apresenta acepções diferentes no transcurso da obra freudiana. Ficaremos aqui com o conceito proveniente da segunda tópica que se refere a um estado de autoinvestimento libidinal que ocorre logo após o nascimento, em que não existe diferenciação entre sujeito e mundo externo, configurando-se, assim, como um estado rigorosamente anobjetal.

Corresponde a um mundo autista e desmentalizado, cujos eventos não servem à constituição da memória e do pensamento. O tempo, a distância e a velocidade não se distinguem entre si. Há uma relação linear de tempo-distância entre *self* e objeto, em que o *self* é central e os objetos são concebidos como atraentes ou repulsivos. Trata-se de um suceder emocional extremamente simples e polarizado.

Bidimensionalidade – fase em que os objetos e o *self* são vivenciados somente a partir de suas características sensíveis. A capacidade imaginativa é muito limitada, ou seja, não é possível, por falta de espaço mental, utilizar a fantasia como ensaio ou pensamento experimental. Conseqüentemente, as experiências emocionais não resultam na introjeção de objetos ou na modificação introjetiva dos objetos já existentes. Não há possibilidade de fazer progressões ou regressões em termos de reconstituição do passado e busca de possibilidades futuras. A relação com o tempo é essencialmente circular, na medida em que o sujeito é incapaz de conceber a duração, o desenvolvimento ou a cessação dos acontecimentos.

Tridimensionalidade – fase em que a relação com os orifícios do objeto e do *self* se constitui e dá lugar a continentes de espaços potenciais. Isso significa que, com a função efetiva dos esfíncteres, o *self* vai tendo capacidade de continência e de resistência à penetração agressiva. O tempo passa a ter uma direção própria, um movimento inexorável de dentro para fora do objeto. Entretanto, o uso contínuo da onipotência dá forma à fantasia de identificação projetiva que, por sua vez, promove a reversibilidade da diferenciação *self*-objeto e, também, a reversibilidade da direção do tempo. Assim, o tempo adquire um caráter oscilatório.

Tetradimensionalidade – fase em que se luta contra o narcisismo e a onipotência. O desenvolvimento passa a ser vivido como possibilidade, como esperança. Surge a identificação introjetiva, cuja base é a capacidade de renúncia e cuja conseqüência é a esperança e a tomada do tempo como aliado.

O TEMPO SUBJETIVO

Fraisse (1973) afirma que quando o ser humano se dá conta que vive no tempo, é capaz de comprometer-se com múltiplas mudanças no meio físico, social, técnico, e aquelas próprias de seu organismo. A todo momento o sujeito confronta-se com uma série de acontecimentos, internos e externos, que percebe em graus qualitativamente diferentes.

A percepção da sucessão, a estimação da duração e a orientação temporal são aspectos da temporalidade bastante dependentes das bases biológicas e psicofisiológicas. No entanto, a representação dos diferentes aspectos das mudanças e a elaboração psíquica dos dados da experiência são aspectos inerentes, especificamente, ao existir humano que, em outras palavras, permitem ao sujeito adaptar-se às mudanças, conhecer suas leis e, até certo ponto, dominar o próprio tempo.

Nesse sentido, a subjetividade define-se pela representação e elaboração psíquica inerentes à experiência vivida com o tempo.

Schroots; *Birren* (1990) falam do tempo psicológico como sendo a experiência perceptiva e subjetiva que visa ao julgamento e estimação da duração dos eventos ou à avaliação da passagem de determinado lapso de tempo. Citam uma série de trabalhos experimentais, entre eles os de Fraisse (1984) e os de Doob (1971), que mostram as variações na apreensão da passagem do tempo de acordo com a idade cronológica e a natureza dos acontecimentos vividos. Quanto mais velho for o sujeito, mais rápida lhe parecerá a passagem do tempo. Quanto mais interessante uma atividade, mais rapidamente o tempo parecerá passar.

Segundo *Pfeiffer* (1998), o tempo subjetivo ou vivido provém de elementos biológicos, psicológicos e culturais que determinarão a constituição de uma maneira original e individual de experienciar o tempo. Tal experiência subjetiva com o tempo só é objetivável por meio de metáforas ou do relato de situações concretas. Cada sujeito vai viver o tempo desde sua individualidade, sua experiência pessoal e intransferível, fazendo com que sua ocorrência e alterações sejam singulares e únicas. Trata-se aqui do tempo associado aos sentimentos, aos afetos, às fantasias, aos desejos, às crenças, às maneiras de ser e às circunstâncias.

Podemos pensar no tempo subjetivo em oposição ao chamado tempo objetivo. Este, determinado pela rotação e órbita dos planetas e, por outro lado, pelas oscilações das partículas subatômicas, é algo dado, externo a nós. Entretanto, a maneira de apreensão deste tempo, sua percepção, interpretação e elaboração, vão depender de uma série de aspectos inerentes ao nosso psiquismo – estados de humor, experiências afetivas, memória, pensamentos, etc. Podemos verificar, a partir do que foi dito, que mais do que uma oposição, existe uma relação dialética entre estes "dois tempos", cujo resultado será fundamental para a construção de nossa relação com o mundo. A subjetividade é criada na temporalidade e, simultaneamente, a cria.

O TEMPO NA CLÍNICA PSICANALÍTICA

Muitos conceitos psicanalíticos contêm, como parte de sua estrutura, o tempo. Das fases da sexualidade até a teoria das pulsões (de vida e de morte), passando pelo inconsciente e pelo Édipo, o fator tempo é um elemento estruturante.

O trabalho clínico, por sua vez, estruturado a partir do enquadre, com a temporalização e freqüência das sessões, marca indelevelmente a relação do terapeuta com o tempo. Estamos marcando um tempo para que o paciente fale do não-tempo da repetição e de seu aprisionamento no sintoma, que o impedem de continuar escrevendo sua história. Paradoxalmente, o tempo da sessão, objetivamente acordado entre paciente e terapeuta, será palco do não tempo da transferência, que torna presentes modos de relação pregressos, que, todavia, jamais deixaram de existir.

Vivés (1994) denomina "tempo potencial" aquele tempo próprio do encontro analítico que não pertence nem ao terapeuta nem ao paciente, mas a ambos, enquanto intersecção e como o "presente da presença". Parodiando Winnicott, que desenvolveu o conceito de "espaço potencial", o autor fala de um tempo, específico do encontro, que será, paradoxalmente, a suspensão temporal, um não-tempo que permitirá o ocorrer da experiência analítica.

Bianchi (1993) explicita que a noção de "tempo potencial" evocada a partir de Winnicott instaura-se na criança, justamente no momento em que o objeto, já constituído, vem a faltar. As trocas afetivas entre mãe e filho impelem cada um deles a sair de sua própria temporalidade para uma outra comum, fruto da intersecção das primeiras.

A clínica psicanalítica vai-se dar justamente neste tempo comum constituído pelo terapeuta e pelo paciente, com o intuito de re-significar a história pregressa do paciente, transformando antigos modos de funcionamento (apesar de vigentes no presente) em memória. A possibilidade de restituir o movimento à história do sujeito é, em grande medida, o objetivo terapêutico da psicoterapia psicanalítica.

Concordamos com *Tanis* (1995) quando diz que, na clínica psicanalítica, devemos levar em conta dois aspectos da temporalidade do sujeito: a intemporalidade do inconsciente, que contém a "obstinação onipotente do desejo", e a noção egóica da irreversibilidade do tempo, atestada pela castração, pelas perdas e pela morte.

Como terapeutas devemos ser capazes de ter mobilidade para transitar junto com o paciente do antigo e ao novo, do inconsciente ao consciente, do primário ao secundário para, possivelmente, instaurar uma distinção, um sentido que permita ao sujeito situar-se em uma seqüência temporal que, até então, esteve marcada, pela repetição. Buscamos, assim, o fim do eterno e a volta à finitude.

Goldfarb (1998) comenta que o processo de subjetivação proposto pelo trabalho analítico só é possível na "alteridade histórica". Não é uma questão de história universal ou biográfica, mas a história dos vínculos, dos afetos, da singularidade, que se insere em um não-tempo cronológico. Será a partir do estabelecimento do princípio de realidade que a temporalidade do processo secundário irá se estabelecer, organizando o tempo de maneira linear e sucessiva, de modo que o desejo encontre vias possíveis de satisfação. É pela dor experimentada no adiamento da satisfação e dos erros e acertos ocorridos nesta busca que o sujeito vai instituindo a memória. O passado registrado vai dar sentido ao presente e permitirá projeções para o futuro, mas é a consciência da finitude do futuro que exige do sujeito uma retificação.

Pensamos que aqui está o horizonte que se abre a partir do trabalho analítico: a consciência do fim, do limite, da castração. O tempo constitui-se, então, como aliado constante do trabalho analítico na medida em que este visa à (re)construção da subjetividade.

Bion (1978) nos diz que, como resultado da experiência vivida, podemos aprender a nos ocupar do presente e do futuro, já que nada mais podemos fazer pelo passado. Na sessão, o analista deve ser capaz de construir uma história e um idioma, por meio do qual possa falar e se fazer entender pelo paciente. O instante de luz que advém de uma interpretação é muito breve e logo se cai de novo no desconhecido. Entretanto, existe ali, no encontro analítico, um universo em expansão, cuja velocidade é maior do que se pode imaginar. Cabe ao analista tolerar a fugacidade da compreensão e a velocidade da expansão.

Se dedicarmos nosso tempo a compreender o que alguém nos diz, não poderemos ouvi-lo. Se pensamos no bom, que já passou, ou naquele que virá, deixamos de prestar a atenção no presente. Não há, por conseguinte, valor no que recordamos do passado, a não ser aquilo que não podemos esquecer, pelo fato de não podermos recordar. São estas as palavras de Bion que justificam, a nosso ver, sua sugestão de recebermos o paciente sem memória (passado) e sem desejo (futuro). O único tempo possível é o presente da escuta.

O *setting*, sendo o conjunto de condições estáveis que fornecem a base do encontro analítico, é, por excelência o aspecto técnico que mais revela a importância do tempo. A freqüência e a duração das sessões, e a questão do término da análise marcam como a temporalidade define o trabalho psicanalítico. Convencionalmente o tempo de cinqüenta minutos é o mais utilizado pelos psicanalistas. Pequenas variações em torno de cinco a dez minutos (a mais ou a menos) podem ocorrer, apesar de pouco freqüentes.

Dois importantes psicanalistas, Winnicott, de um lado, e Lacan, de outro, alteraram substancialmente a duração das sessões, de acordo com suas convicções teórico-técnicas.

Winnicott (1982) considera o enquadramento analítico como a possibilidade do paciente de regredir a etapas primitivas de seu desenvolvimento emocional para tentar recuperar-se de falhas ambientais muito significativas sofridas nos primeiros tempos de sua relação com a mãe. A análise oferece-se como a possibilidade de retomar o desenvolvimento, que foi interrompido precocemente. A capacidade de *holding* (sustentação) do analista e a regressão fazem parte do processo curativo. Quando ocorre regressão ao estágio de dependência absoluta, pode ser necessário alongar o tempo de cada sessão, a fim de acompanhar, como se fosse a mãe do paciente, suas experiências emocionais intensas e, freqüentemente, dolorosas. O autor chegava a permanecer algumas horas (2 a 3) junto ao paciente em momentos que julgava necessários. Por outro lado, quando atendia grande quantidade de pacientes em regime ambulatorial, restringia a duração do que denominava consultas terapêuticas. Costumava dizer que, se não fosse possível fazer análise, faria outra coisa.

Lacan apud Bleichmar; *Bleichmar* (1992) desenvolve a idéia de que o inconsciente se estrutura como linguagem. A partir da fala do paciente existe a chance de o inconsciente apresentar-se. Ao analista cabe perceber e analisar o discurso do paciente do ponto de vista dos significantes, conferindo especial atenção à morfologia, pontuação, etc. A interrupção da sessão é feita para introduzir o paciente no mundo simbólico, retirando-o de suas fascinações especulares (narcísicas). As sessões podem ter durações variadas, dependendo do que o paciente manifesta por meio da linguagem. Dá-se prioridade à interrupção da sessão do que à interpretação, pois se supõe que o ato tem maior efeito simbólico. O analista é quem vai decidir qual é o momento adequado para a interrupção da sessão, sempre visando ao acesso da palavra plena e à realização simbólica do sujeito, ou seja, à saída do mundo imaginário, especular e narcisista.

Segundo *Green* (1990), o *setting* é a definição do espaço psicanalítico em termos de horários, duração das sessões, instrução da regra fundamental e honorários. Tal espaço é delimitado para que se produzam as trocas transferenciais e o trabalho analítico possa se realizar. A característica fundamental do *setting* é sua função de limite, de normas que são estabelecidas e que devem ser guardadas pelo analista. O *setting* pode assumir diversos sentidos, ou papéis, conforme o momento da análise – desde o sentido winnicottiano, como sendo a relação mãe-bebê, até o sentido que lhe conferiu Lacan, cuja tônica é o papel da palavra oriunda da função paterna. Portanto, a questão fundamental revelada pelo estabelecimento do *setting* é o limite e não o sentido.

A delimitação do intervalo entre as sessões e da duração das mesmas funda a possibilidade de que outros tempos se (re)constituam. De um presente previamente definido podem surgir outros tempos da experiência emocional que se presentificam na sessão. Serão tempos passados, presentes ou futuros? Talvez possamos dizer que são e não são, paradoxalmente, todos esses tempos. Como bem disse *Green* (1990), a análise cria um terceiro espaço, denominado por Winnicott de "espaço transicional", em que o objeto analítico está no espaço de reunião das trocas transferenciais / contransferenciais, ou seja, está na intersecção daquilo que pertence ao paciente e do que é do analista. Assim, nesta mesma linha, podemos pensar o tempo da análise como um terceiro tempo, que é delimitado para que outros tempos possam (re)surgir: estabelecemos um tempo para que o tempo da repetição, da fantasia, do conflito, da defesa, da pulsão possam ter lugar. Falamos de um terceiro tempo (o do *setting*) que se estrutura além do tempo do paciente e do analista, mas que está em intersecção com eles. Talvez fosse mais apropriado falar de um quarto tempo que se configura e se acrescenta aos três extratos temporais – passado, presente e futuro – e que nos reconecta à visão de Santo Agostinho para quem, mais do que tempos estanques, existem tempos combinados em passado do presente, presente do presente, presente do futuro ... Estamos chegando então, à pluralidade do tempo na sessão analítica, onde o *setting* é apenas uma modalidade, mas a modalidade que permite e incentiva o aparecimento de todas as outras.

Freud (1973), em seu trabalho *Análise terminável e interminável*, datado de 1937, aborda a questão da duração do trabalho psicanalítico que, via de regra, é longo, pois lida com a subjetividade, cujo tempo difere dos acontecimentos da realidade externa.

Nesse texto aparecem gérmens daquilo que hoje chamamos de "psicoterapia breve de orientação psicanalítica", principalmente quando Freud propõe a interrupção da análise como um modo de apressar o desenvolvimento do paciente.

Defende a idéia de que as análises têm fim quando atingem o objetivo de encontrar as melhores condições possíveis, para cada paciente, para que o ego possa exercer mais plenamente suas funções.

Conclui, portanto, que a análise tem fim, mas que são longas, em função da natureza do próprio processo de se trabalhar com complexos fenômenos mentais. Finalizar este capítulo com as considerações de Freud é dar a palavra a quem tudo começou. Além disso, fica impressa aqui a importância do tempo, enquanto duração, para o trabalho com a subjetividade, dado fundamental para o exame da experiência temporal em nossos dias.

POÉTICA

De manhã escureço
De dia tardo
De tarde anoiteço
De noite ardo.

A oeste a morte,
Contra quem vivo
Do sul cativo
O este é meu norte.

Outros que contem
Passo por passo:
Eu morro ontem

Nasço amanhã
Ando onde há espaço:
– Meu tempo é quando.

Vinicius de Moraes (1950)

III – CASOS CLÍNICOS*

DEPRESSÃO E INTERNET

Clara foi encaminhada por seu clínico para fazer psicoterapia. Apresentava um quadro depressivo com ideação suicida preocupante. Moça jovem e bonita, contava na época com 27 anos. Demonstrava um sofrimento intenso, com crises de choro, desespero e um pedido urgente de ajuda.

Sua história foi revelando, aos poucos, as raízes de sua depressão. Desde sua infância lembra de ter se reportado, via de regra, a seu pai, homem de grande sensibilidade e muito ligado aos filhos.

Sua mãe, descrita como vaidosa e superficial, tinha pouca disponibilidade para cuidar dos filhos; saía freqüentemente e vivia envolvida em compromissos profissionais e sociais.

Sendo a filha mais velha (seu irmão era três anos mais novo), Clara parece ter crescido rápido demais, assumindo responsabilidades precocemente em relação ao funcionamento da casa e aos cuidados com o irmão, na medida em que seu pai passava longos períodos ausente por exigências de seu trabalho.

Aos 12 anos descobre, por meio de uma conversa telefônica, que sua mãe tinha um amante. Guarda este segredo, mas, poucos meses depois, seu pai descobre, não por seu intermédio,

---

* Os casos clínicos relatados a seguir foram, por motivos éticos, propositalmente alterados com o intuito de garantir o sigilo profissional.

toda a verdade, o que desencadeia nele episódios freqüentes de abuso do álcool.

Aos 14 anos, Clara resolve começar a trabalhar na firma de um tio, como auxiliar de escritório. Faz um curso técnico de enfermagem e, aos dezessete anos, sai de casa para trabalhar no interior do Estado. Passa por alguns empregos onde permanece, em média, um ano. Durante este período, dos 17 aos 25 anos, tem vários namorados, chegando a morar com dois deles. O fim dos relacionamentos sempre foi marcado por um desligamento abrupto por parte de Clara, sem justificativas plausíveis.

Sentia-se muito mais velha do que era na realidade. Dizia que o tempo havia passado e que tinha a sensação de já ter feito tudo que lhe cabia na vida. Seu rosto revelava traços jovens que seu discurso e sua experiência de vida acabavam por dissimular.

A instalação do quadro depressivo trouxe-a de volta a São Paulo e à casa de seus pais. Fora despedida do local onde trabalhava e havia rompido mais um relacionamento amoroso.

Depois de passar alguns meses na casa dos pais, vai morar em um pequeno apartamento, cedido por seu pai, que até então estivera alugado. Uma de suas primeiras providências foi instalar seu computador, diante do qual permanecia por muitas horas, conectada à internet. Estabelecia contato com diversas pessoas, e somente com elas, por meio do computador, conseguia manter um diálogo. Costumava deixar sua casa inteiramente fechada, pois a luz do sol lhe era insuportável. A penumbra constante e o computador ligado mantiveram Clara afastada das variações impostas pelo tempo. Encontrou nessa contingência a possibilidade de manter, ainda que ilusoriamente, o fluxo do tempo congelado, da mesma forma que seu estado depressivo a fazia experimentar. O sentimento de "parada do tempo" traz grande sofrimento quando objetivamente se percebe a passagem indelével do tempo, por meio das mudanças do dia para a noite. A tela do computador, com sua luz constante, invariável às alterações e ao correr das horas, acabava por produzir um ambiente artificial que acompanhava a vivência emocional do não-tempo do quadro depressivo.

Passou cerca de dez semanas fechada em seu apartamento, de onde só saía para vir às sessões, três vezes por semana. Os encontros terapêuticos eram marcados pela recordação dos acontecimentos e experiências que Clara vivera até então. Sentia grande necessidade de recuperar seu passado para, quem sabe, retomar seu acontecer no mundo prospectivamente.

O fenômeno internet vem alterando significativamente nosso cotidiano. Sendo uma rede de acesso a inumeráveis informações, em todos os cantos do planeta, vem se tornando um hábito, cujas conseqüências mais profundas, em termos do existir humano, ainda são nebulosas. O que podemos observar, a grosso modo, são alterações na relação humana com o tempo, na medida em que a velocidade é a marca registrada de nossa época. "Acessar", "teclar", "deletar", "clicar" são termos que fazem parte da linguagem dos usuários da rede, que, de alguma forma, subentendem ação rápida e veloz.

A velocidade das manobras realizadas pelo computador aliada ao caráter constante e perene da tela que não denuncia a passagem das horas, formam um binômio, ainda que paradoxal, que acaba por descolar o sujeito de suas referências têmporo-espaciais.

No caso de Clara, fica evidente a função tranquilizadora da rede, que a afastava da realidade tangível e compartilhada, da qual não podia participar, em virtude de seu estado depressivo.

É interessante constatar que desde sua infância Clara viu-se às voltas com o fator tempo, "apressando" etapas de seu desenvolvimento e assumindo precocemente responsabilidades e compromissos. Seus relacionamentos amorosos também sofreram com a precocidade do início e o caráter abrupto do fim. Compreende-se porque sua depressão ocorre e enfatiza o aspecto patológico de sua relação com o tempo. O sintoma é a desconexão com o mundo do movimento, das durações e oscilações temporais e a conexão com a rede em que o tempo deixa de existir.

Podemos pensar que seu relacionamento estreito com o pai e, ao mesmo tempo, distante da mãe, colocou Clara em uma posição difícil em termos de conflitiva edípica. Muitas vezes sentia-se ocupando o lugar da mãe, na organização da casa e no trato com irmão, o que parece ter mobilizado intensa culpa por seus desejos incestuosos pelo pai, acarretando sua saída precoce da casa. Buscava relacionamentos amorosos nos quais repetia incessantemente o abandono sofrido na relação com sua mãe. Deixar o outro era o retrato de como havia sido deixada. A compulsão à repetição parecia ter um caráter de tentativa de elaboração de experiências precoces. Novamente aqui o tempo fica congelado, agora pela repetição, que presentifica reiteradamente a vivência traumática. Por outro lado, buscava relacionamentos em que pretendia reeditar a relação dos pais, cujo fracasso atribuía a si própria, numa tentativa de remendar o mal que supunha haver provocado.

A depressão sobrevém do fracasso de tais tentativas e da inoperância de seu desejo onipotente de cura dos pais e de si mesma. A escolha da enfermagem parece coadunar-se com esta idéia, ou seja, busca uma pseudo-reparação movida por intensa culpa persecutória.

A precocidade, marca registrada na vida de Clara, era a representante da urgência de apagar os danos supostamente causados ao casamento de seus pais.

De um outro prisma, podemos considerar que, se não conseguia reparar com êxito os danos causados, não merecia ser feliz em nenhuma de suas relações afetivas. A díade crime/castigo, alimentada pela culpa persecutória e pela rigidez superegóica, formou um círculo vicioso, que foi ao ápice, com a instalação do quadro depressivo. A fragilidade egóica, até então mitigada por uma imagem de mulher e profissional madura e dona da própria vida, veio à tona graças à inoperância das chamadas defesas maníacas e dos respectivos sentimentos de desprezo e triunfo.

Os sintomas depressivos constituíram-se, para Clara, na possibilidade de recuperar sua história, compreendendo sua psicodinâmica e a necessidade de reinventar meios de reparação. Nesse sentido, o movimento regressivo que se instalou ao recolher-se em casa sob condições constantes de estimulação audiovisual, parece ter propiciado o resgate de experiências emocionais primitivas.

O trabalho terapêutico com Clara durou dois anos ininterruptos, com três sessões semanais nos primeiros seis meses e duas sessões semanais no restante do tempo. Encerramos o atendimento quando ela decidiu se casar com um rapaz que havia conhecido pela Internet e que morava em outro país. Após um ano do término das sessões, soube que está bem e feliz com sua nova vida.

DELETANDO A PERDA

Márcia procurou-me no fim de 1996, um mês após sua separação. Sua queixa era que, apesar de tudo estar resolvido, inclusive judicialmente, sentia-se triste e desanimada. Não podia compreender porque ainda sofria se havia desejado a separação, não via possibilidade de reconciliação e conseguira resolver amigavelmente a situação. Como explicar seu desconforto se imaginara sentir apenas alívio e satisfação após a separação judicial? Temia estar arrependida de ter tomado tal decisão, na medida em que o bem-estar esperado não ocorreu.

Iniciamos o trabalho com duas sessões semanais durante os primeiros oito meses e, depois, passamos para uma vez por semana. O atendimento durou dois anos e três meses.

Márcia, aos 26 anos, era uma moça séria, porém afável, com uma aparência bem cuidada e elegante; era a mais velha de uma família com três irmãs.

Vivera com seus pais até as vésperas de seu casamento, num ambiente de relativa harmonia. O casamento de seus pais parecia-lhe estável e a vida em família agradável. Seu pai sempre fôra muito exigente com ela, esperando que tivesse grande sucesso profissional, o que efetivamente ocorreu.

Márcia formou-se em Processamento de Dados e logo iniciou carreira em uma grande empresa. Tornou-se exímia conhecedora de computadores e da implementação de programas, com os quais trabalhava durante todo o dia. Nutria grande admiração por seu pai, industrial bem-sucedido, homem austero, dedicado à família e ao trabalho. Sua mãe, mais frágil e sensível, era vista por Márcia como dependente e necessitada de cuidados e apoio. Apesar de gostar muito de sua mãe, não encontrava pontos de identificação com ela. As irmãs, com quem mantinha um relacionamento cordial, mas pouco profundo, pareciam enciumadas de sua relação com o pai.

Márcia teve alguns namorados, mas não relata nenhum envolvimento mais intenso ou apaixonado. Seu marido era um homem pouco afeito ao trabalho, imaturo e dependente. Apresentava episódios de abuso do álcool, ocasiões em que se descuidava de sua aparência e criava situações embaraçosas em seu trabalho. A despeito de tudo isso, tinha um bom caráter, era generoso e afetivo.

A vida de Márcia foi marcada pela necessidade premente de executar tarefas de maneira exitosa, com o fim último de satisfazer a figura paterna. Parecia não existir espaço para crises ou transformações, muito menos para o contato com seu mundo mental. Permitia-se apenas vivenciar afetos que são esperados socialmente para situações específicas. Em sua história tudo parecia se encaixar a tempo e a hora em um desenho previamente estabelecido e esperado. Quando se casa e dois anos depois se separa, rompe com as expectativas de uma vida idealizada. Perde, com o fim do casamento, a ilusão de tudo acertar e de processar com êxito os dados das experiências vividas.

A profissão de Márcia acalentava o controle onipotente: tudo podia ser arquivado, deletado ou comandado com breves toques no teclado do computador. Para ela não existia tempo subjetivo enquanto tempo das experiências emocionais, independentemente da objetividade dos acontecimentos do mundo externo. Como poderia compreender que não seria possível simplesmente deletar sua tristeza, angústia e sentimento de fracasso? Imaginava ter algum problema porque estava experimentando um estado de luto, perfeitamente compatível com a perda que sofrera.

O computador, com suas manobras rápidas e seus inumeráveis recursos, acabava servindo de parâmetro para o conjunto de suas experiências emocionais. A subjetividade, com seu tempo próprio, que foge à lógica racional dos relógios e calendários, causava estranheza e desconforto.

Buscava a psicoterapia como um meio de banir rapidamente um estado emocional desconfortável que lhe ocupava internamente. Não podia compreender que, para ser elaborado, o luto precisa "durar", ou seja, é necessário que, aos poucos, a libido investida no objeto perdido vá sendo retirada para que, futuramente, novos investimentos libidinais sejam possíveis. A dor psíquica entremeada pela culpa, pesar, angústia, ódio e nostalgia precisa de tempo para ser vivida e elaborada.

Na realidade de Márcia em que tudo se resolvia com rapidez e eficiência, como suportar uma experiência lenta, carente de resultados imediatos e incerta em seu desfecho? O trabalho terapêutico era alvo constante de críticas e, nos primeiros meses, Márcia era quem encerrava as sessões, muitas vezes antes que se completassem os cinqüenta minutos. Temia os conteúdos que emergiam durante a sessão e tentava onipotentemente controlar, através do tempo, seus sentimentos e emoções. O tempo da sessão precisava ser amputado para evitar a dor narcísica de perceber que não é possível estancar processos psíquicos voluntariamente.

Dotada de grande inteligência e de uma personalidade com traços obsessivos, Márcia utilizava, recorrentemente, racionalizações, formação reativa e anulação para mitigar sua angústia depressiva. Tentava anular os efeitos do tempo como elemento básico para a experiência de conscientização, reflexão, elaboração e mudança psíquica.

Dada a impossibilidade de apressar os processos psíquicos e a soberania do tempo, Márcia foi, aos poucos, podendo aceitar as limitações e possibilidades advindas de seu mundo interno. A interpretação de seus conteúdos narcísicos e edípicos foi gradativamente colocando Márcia em contato com sua feminilidade, até então escondida pelo desejo de ser o filho homem que seu pai não tivera. A escolha de um marido frágil e dependente mimetizava a escolha que seu pai fizera por sua mãe; o sucesso profissional alcançado a equiparava a seu pai e os traços de personalidade, também semelhantes, colocavam Márcia em seu casulo narcísico no qual vivia, à imagem e semelhança do pai.

Graças ao fracasso de seu casamento, Márcia pôde entrar em contato com a necessidade de ser uma pessoa única e de ter um destino próprio e original. Descobriu desejos até então ocultos, como empreender uma viagem ao redor do mundo sem data para voltar. Ao final do atendimento, resolveu realizar este sonho e seguiu viagem. Atualmente mora na Europa, vivendo com um homem vinte anos mais velho que ela, com quem pretende ter filhos.

REJUVENESCER A QUALQUER CUSTO

Em meados de 1990, recebi Sara para uma entrevista. Causou-me profunda impressão sua aparência física. Tratava-se de uma mulher com cerca de 50 anos, que aparentava pelo menos quinze anos menos. Vestia-se de maneira extravagante e excessivamente jovem para sua idade. Utilizava uma linguagem própria de adolescentes, polvilhada de gírias e de termos característicos.

Contou-me que vinha, havia cerca de dois meses, tendo dificuldades para conciliar o sono, chegando a passar noites inteiras em claro, ocasiões em que sentia muita angústia. Este sintoma apareceu logo após sua última cirurgia plástica (já havia feito oito cirurgias), quando teve problemas com a anestesia e precisou permanecer por três dias na unidade de terapia intensiva. Considerava-se "traumatizada" e, portanto, supôs que a psicoterapia pudesse ajudá-la.

Sara era divorciada e tinha três filhos, já adultos, que moraram com o pai desde a separação. Relatou que se dedicara intensamente aos filhos enquanto eram pequenos e que ficou aliviada quando eles optaram por viver com o pai. Sentia-se livre para sair com os amigos e namorados.

Filha única de um casal mais velho (sua mãe tinha 42 anos, e o pai, 48, quando ela nasceu), que estava em vias de se separar, quando a mãe engravidou. O casamento não se desfez e Sara sentiu-se sempre como a responsável por este fato. Criança voluntariosa, cresceu cercada de mimos e atenção. Não era capaz de se lembrar sequer de uma situação em que seus desejos não houvessem sido satisfeitos.

Casou-se com 17 anos e logo engravidou. Seu marido era quase vinte anos mais velho que ela e representou uma extensão da relação com seus pais.

A separação foi pedida por Sara que se sentia incompreendida e insatisfeita, considerando o marido pouco afeito aos inúmeros compromissos sociais aos quais insistia em comparecer.

Sara conhecia todos os recursos de rejuvenescimento existentes na época. Tinha como objetivo manter-se jovem a qualquer custo para, segundo suas palavras, "continuar sendo querida e valorizada."

Não suportava considerar a passagem do tempo como algo inexorável. Vivia lutando contra suas angústias através de repetidas cirurgias plásticas, que aplacavam provisoriamente o intenso temor do envelhecimento e da morte. Não podia dormir porque isto significaria ceder à passagem do tempo, ao dia virando noite e às marcas deixadas por este movimento. Seguidas atuações serviam para expulsar de seu mundo interno as angústias relativas à própria natureza da vida, que se define pelo começo e também pelo fim. Negando a finitude, precisava congelar o tempo na juventude e artificialmente recriar uma imagem do passado.

Era visível o seu empobrecimento psíquico, com perdas significativas de seus recursos egóicos, atacados pela insistência em abortar suas experiências significativas. Não podia ter uma história de vida com êxitos, fracassos, crescimento, aprendizado e memória pois, todos estes aspectos, subentendem o tempo como condição para sua ocorrência. É como se precisasse se manter sempre como o bebê tão esperado pelos pais e que, onipotentemente, manteve o casal unido. As cirurgias representavam a negação e o triunfo sobre o tempo e a experiência.

Quanto ao estabelecimento da noção de tempo, vimos que é necessária a frustração, ou seja, a ausência temporária do objeto de satisfação, para que o sujeito vá adquirindo a capacidade de prever o futuro e, mais tarde, reportar-se ao passado. Sara parece ter tido poucas oportunidades para usufruir momentos de frustração, na medida em que sempre esteve cercada de permanente atenção. Durante o trabalho analítico, a paciente contou que sua mãe a manteve em seu quarto até cerca de um ano e que costumava acordar pouco antes do horário da mamada para evitar que a filha chorasse e lhe oferecia o seio enquanto ainda dormia. Sara parece ter aprendido a manter o presente a qualquer preço, conservando atitudes regredidas e achatando suas potencialidades por meio da negação de sua experiência de vida.

O sintoma que a trouxera para a psicoterapia – impossibilidade para conciliar o sono – era, na realidade, a ponta de um verdadeiro *iceberg*. Foram sendo detectados aspectos fóbicos e melancólicos, ancorados em um falso *self* que foi se constituindo e desenvolvendo no transcurso de sua vida. Da mesma forma que sucessivas cirurgias plásticas foram alterando a identidade corporal de Sara, uma série de características de personalidade, artificialmente constituídas, foram subjulgando o verdadeiro *self* da paciente. A figura de Sara parecia uma caricatura forjada para impedir a ação do tempo, as marcas da experiência e a consciência da morte.

Como era de se esperar, poderosas resistências surgiram no transcorrer do trabalho analítico, ocasionando, inclusive, a interrupção das sessões por cerca de quatro meses, durante o primeiro ano de trabalho. Ao todo foram quatro anos de psicoterapia sendo que, durante os dois primeiros, Sara tentou, repetidamente, alterar o *setting* por meio de mudanças de horário, insistência em permanecer no consultório além do seu tempo de sessão, diversas ligações para a residência da terapeuta e oferecimento de presentes, objetos de decoração, que desejava que fossem colocados no consultório. Tais atuações foram compreendidas como tentativas de Sara de conduzir, controlar e comandar o trabalho terapêutico, como sempre fizera em praticamente todas as situações de sua vida. Ao não obter êxito em seus intentos, Sara apresentava verdadeiras crises de ódio, que culminavam com faltas e atrasos repetidos. Nessa fase, o mais importante parece ter sido a manutenção do *setting* e a presença da terapeuta no presente da sessão, resistindo aos ataques e investidas da paciente.

Sara foi percebendo, aos poucos, a existência do mundo, das pessoas, do tempo, do espaço e, principalmente, da ausência e da frustração.

O atendimento foi interrompido por Sara ao final do quarto ano, sob a argumentação de que já se sentia satisfeita com os resultados obtidos. Continuou vaidosa, submetendo-se a diversos tratamentos estéticos sem, contudo, colocar sua vida em risco com cirurgias desnecessárias. Reaproximou-se dos filhos e começou a aproveitar o fato de ser avó. Fez cursos de decoração e iniciou uma atividade profissional nesta área. De modo geral, parecia estar mais integrada e autêntica.

QUALQUER TEMPO

*Qualquer tempo é tempo.
A hora mesma da morte
É hora de nascer.
Nenhum tempo é tempo bastante
para a ciência de ver, rever.*

*Tempo, contratempo
anulam-se, mas o sonho
resta, de viver.*

Carlos Drummond de Andrade (1976)

IV – Discussão

Após visitar diversas áreas do conhecimento que versam sobre a experiência com o tempo, cabe-nos ponderar sobre o que vimos. Se até agora separamos, dividimos e analisamos, precisamos, neste momento final, juntar, agregar, ou seja, sintetizar as multifacetas do fenômeno tempo.

Buscamos inspiração em *Gould* (1991), que, ao estudar o tempo geológico, toma visões aparentemente dicotômicas – a seta do tempo e o ciclo do tempo – e integra-as em uma relação dialética, que enriquece a compreensão da natureza. A essência da seta do tempo revela-se pela irreversibilidade da história e pelo caráter singular de cada seqüência de acontecimentos. A metáfora do ciclo do tempo, por sua vez, refere-se aos aspectos estáveis e repetitivos da natureza, que são o produto de leis intemporais. O autor considera a seta do tempo e o ciclo do tempo como categorias idealizadas para facilitar nossa compreensão do mundo, que permanecem em contínua tensão e profícua interação. Os dois se intremeiam para perfazer a existência de cada objeto da natureza.

Podemos pensar em ciclos repetindo-se e, a cada repetição, inaugurando diferenças cruciais que compõem a seta do tempo. O novo é gestado no cíclico que se repete. A história da humanidade abriga movimentos cíclicos na produção de conhecimento, com altos e baixos em termos quantitativos e qualitativos. Sem desmerecer qualquer produção científica, artística ou filosófica, é fato que certos períodos da história revelam-se especialmente fecundos e produtivos. A filosofia grega, por exemplo, revela uma riqueza imensa, que até hoje nos influencia. O movimento iluminista que, como vimos, inaugurou novos tempos depois da Idade Média, por meio do humanismo, da consciência histórica e do sentido de progresso, veio alterar substancialmente nossa concepção de mundo. Outro marco importante foi (e está sendo) todo o século XX caracterizado, sobretudo, por um colossal desenvolvimento tecnocientífico que mudou radicalmente nossas vidas. Estamos vivendo este ciclo de produtividade intensa e somos levados inexoravelmente em direção ao futuro. O que ocorre, no entanto, é que hipnotizados e seduzidos por tudo aquilo que criamos, esquecemos de cuidar do mundo e de prepará-lo para as gerações futuras. Nossa capacidade de previsão e prevenção encontra-se seriamente abalada pela soberania de um eterno presente, refém da satisfação imediata.

Bindé (1998) vem, oportunamente, nos oferecer uma profícua reflexão sobre este tema. Afirma que as sociedades contemporâneas sofrem de um desregramento de seu sentido de tempo. Privilegiando a lógica do *just-in-time*, sem qualquer reflexão ou previsão, e vivendo a aceleração constante das transformações tecnológicas, nossa época cede à tirania da urgência.

Desvanecidas as grandes construções ideológicas embasadas no bem comum e no destino coletivo, vivemos hoje a falência de valores como a solidariedade, a responsabilidade e a ética. Conseqüentemente, ficamos inaptos para pensar nossa relação com o outro, recusamos nossa condição de seres finitos e abdicamos da condição humana trans-histórica. Em outras palavras, podemos dizer que sofremos de uma "miopia temporal", sintoma de uma disfunção profunda, que afeta nossa capacidade de representação do futuro.

Como vimos anteriormente (o tempo e a psicanálise) a noção de futuro é a primeira a surgir no desenvolvimento da temporalidade. Ora, se estamos perdendo nossa capacidade de previsão, o que dizer da possibilidade de conservar o passado enquanto memória e aprendizado? É assustador pensar que abolindo o futuro estamos também desconsiderando o passado e vivemos, portanto, sob a tirania do presente que, como sabemos, é regido pelo princípio do prazer. "Futurizar" significa fazer parte da comunidade humana trans-histórica e, por conseguinte, prever e prevenir. Cultivar o legado de tantos humanos, que vieram antes de nós, significa valorizar a experiência passada como mola propulsora de novos conhecimentos. Acossados pela urgência, pela velocidade e pela satisfação narcísica de desejos de poder e onipotência, decepamos o tempo em duas de suas dimensões – o passado e o futuro.

É interessante recapitular o estudo do tempo na Filosofia e observar que grande parte dos filósofos trabalhou a dicotomia existente entre tempo e eternidade designando, a esta última, um *status* superior, divino e desejável. O tempo foi visto, via de regra, como algo menor, desvalorizado e pertencente ao mundo humano. Como vimos, segundo Espinoza, o ser tem apetite de eternidade e, portanto, busca a permanência e almeja a imortalidade.

Vivemos a era do efêmero, do descartável e da velocidade, o que pode parecer contraditório com o que dissemos acima. Todavia, o paradoxo é apenas aparente, porque ao lidar com objetos que rapidamente se tornam obsoletos e dão lugar a novos mais eficientes, estamos acalentando a ilusão de nossa própria imortalidade ao nos equipararmos à imagem divina da criação. Na linha de "vão-se os anéis e ficam os dedos", vamos seguindo isentos das angústias inerentes à nossa própria fugacidade enquanto seres mortais. Triunfamos sobre os objetos que "morrem" pelo desuso ao neles projetar a nossa própria insignificância.

Se antes buscávamos a eternidade pela adoração aos deuses, hoje acreditamos encontrá-la ocupando o lugar da própria divindade. A mídia que, no mundo globalizado, fornece informações aos quatro cantos do planeta, em uma velocidade espantosa, nos confere a ilusão da onisciência. A tela do computador e a Internet permitem que estejamos em vários lugares e com várias pessoas ao mesmo tempo, o que nos faz acreditar em nossa própria onipresença. A capacidade de criar e recriar rapidamente novos objetos leva-nos a crer em nossa ilimitada onipotência.

Percebemos então que as características divinas estão todas impregnadas em nosso cotidiano. Porém, isto não esgota a compreensão do ser no mundo contemporâneo. Sacrificar a temporalidade é um dos sintomas de algo maior e mais profundo: a derrocada da subjetividade. Na medida em que os objetos da tecnologia triunfam, o sujeito perde terreno e lugar. Assim, se por um lado ganhamos poder e satisfação narcísica, por outro perdemos o contato com nossa própria essência, que é necessariamente atravessada pela temporalidade (e pela morte), o que nos fragiliza e deprime.

No intento de negar a castração, parece que nos tornamos presas fáceis de angústias primitivas (como a de aniquilação). Fragilizados e roubados em nossa essência de ser no mundo, buscamos cada vez mais apoio nos objetos materiais e em figuras que nos definam e amparem.

À fragilização egóica correspondem os chamados quadros depressivos, que se disseminam de forma avassaladora. Todavia, a tristeza, a apatia e o medo estão muito mais relacionados a um funcionamento primitivo e narcísico, em que a negação da subjetividade, da temporalidade e da morte imperam. Todos os conflitos devem ser banidos e, com eles, o sofrimento psíquico, que é condição inerente ao existir humano, inexoravelmente marcado pela certeza da morte.

Segundo *Roudinesco* (2000), a concepção freudiana de um sujeito do inconsciente que, apesar de consciente de sua liberdade, é atormentado pelos impulsos sexuais e agressivos, pela morte e pela castração, cede lugar à concepção de um indivíduo patologicamente depressivo, que evita seu inconsciente e tenta arrancar de si a essência de todo e qualquer conflito.

Os três casos clínicos que discutimos anteriormente apresentam algumas semelhanças que são fundamentais para este trabalho. Trata-se de casos com sintomatologia predominantemente depressiva, ainda que quantitativa e qualitativamente diferentes, o que ratifica a visão de *Roudinesco* (2000) sobre a principal psicopatologia deste século. Para a autora, os pacientes deste final de século são acometidos por quadros depressivos que encobrem um funcionamento psíquico primitivo, com a presença de angústias também primitivas e sentimentos de esvaziamento, perda de sentido da vida e solidão. Tudo isso está relacionado à perda de contato com a própria subjetividade e à verdadeira aversão, que vem se instalando, aos conteúdos mentais, às angústias e aos conflitos inerentes à existência humana. Pudemos constatar que a noção de tempo apareceu alterada nos três casos citados: a paciente Clara, encapsulada em vivências depressivas, vivia sensações de parada do tempo; Márcia, diante de uma situação de luto, exigia rapidez de processos internos que demandam, sobretudo, tempo; Sara, em nome de ideais narcísicos, negava as marcas indeléveis da passagem do tempo.

Podemos pensar que a tríade subjetividade, temporalidade e depressão permeiam a realidade deste final de século. A experiência subjetiva demanda um tempo que destoa da velocidade impressa pelas máquinas. A noção de tempo nos confronta com nossa própria finitude e com necessidade de zelarmos pelo que já conquistamos, para que as gerações futuras possam usufruir tais conquistas.

A desvalorização de tudo o que diz respeito ao mundo mental e a negação da experiência temporal nos atira na aridez de um mundo repleto de objetos que, reificados, ocupam o lugar dos sujeitos. Afastados de nós mesmos, tendemos a mergulhar em estados depressivos, em que imperam o empobrecimento e a solidão.

Temendo a desordem e a dúvida, vivendo sob o império da competição pelo sucesso unicamente material e ignorando os projetos coletivos, somos presas fáceis de inúmeras terapias alternativas que combinam magia e curandeirismo. Tais abordagens visam, sobretudo, a emudecer e neutralizar tudo o que nos remeta à nossa própria subjetividade.

Se a intenção é calar as manifestações de nosso mundo interno, a tendência é perdermos nossa capacidade de sentir e pensar. Ora, se de acordo com *Kant* e *Heidegger* a atividade do pensamento é temporalizante, vamos nos destituindo de nossa propriedade de designar tempos, admitir diferentes momentos e adquirir a consciência da morte.

Nessa perspectiva e, como vimos, de acordo com *Bergson*, para quem o tempo é libertário e criador, o que dizer de nossa capacidade para reinventar o mundo e restabelecer as cadeias que unem as várias gerações humanas com vistas à sua sobrevivência no futuro? Muito mais do que um dos pilares da experiência subjetiva, a noção de tempo é uma das principais vias de manutenção de nossa própria espécie. Ao nos sabermos finitos, podemos ocupar-nos de nossa própria autoconservação.

É justamente a Psicanálise que, herdeira do Romantismo e de uma filosofia de liberdade crítica proveniente de *Kant* e do Iluminismo, pode dar uma resposta humanista à tendência contemporânea de transformar o homem em uma espécie de máquina, destituída de pensamento e afeto. Sendo uma doutrina psicológica que instaura o primado de um sujeito habitado pela consciência de seu próprio desapossamento (determinismo psíquico inconsciente), a Psicanálise pode reconduzir-nos a nós mesmos.

A descoberta e o trabalho com o inconsciente tem como fim último o fortalecimento do ego pela tomada de consciência das forças que nos regem. Na medida em que o tempo é função da consciência, é somente através da ampliação desta que poderemos usufruir a temporalização das experiências. A Psicanálise enquanto teoria do psiquismo humano é alimentada por conceitos em que o fator tempo é de fundamental importância. Podemos, portanto, fazer paralelos entre certas idéias advindas da Filosofia e determinados conceitos psicanalíticos, citados anteriormente.

A característica de descontinuidade do tempo, proferida por *Kant* e também por *Descartes*, aparece na Psicanálise quando *Freud* descreve a experiência temporal vivida pela consciência. A noção de tempo estabelece-se pela descontinuidade do investimento libidinal no mundo.

Nietzche, por sua vez, desenvolve a teoria do eterno retorno, que parece ter sido feita sob medida para dar consistência ao conceito de compulsão à repetição, desenvolvido por Freud. Repetimos o que não foi elaborado, aquilo que, sob a égide da pulsão de morte, revela-se como um eterno presente que impede novas construções e novos modos de funcionamento mental.

A visão evolucionista introduzida por *Dilthey*, que culminou na doutrina do historicismo, defende idéias de desenvolvimento e transformação entre o nascimento e a morte. Da mesma forma, *Freud* acredita que, durante os primeiros anos de vida, serão fundados os alicerces de todo o nosso funcionamento psíquico ulterior. Todos, sem exceção, passarão pelas quatro fases da libido, ainda que cada um o faça de uma forma peculiar, de acordo com as idiossincrasias, história familiar, cultura, etc. O essencial, no entanto, é a abordagem desenvolvimentista, por meio da qual o ser humano é visto como capaz de se transformar durante seu tempo de vida.

Heidegger nos remete à questão da morte. Afirma que a existência humana é constitutiva do tempo justamente por sua finitude. *Freud* trabalha com o conceito de castração, de limite ao desejo insaciável de tudo ser e possuir. A consciência das limitações impostas pela natureza e pela cultura é que vai nos permitir saber de nossas possibilidades de realização no mundo. O desenvolvimento emocional vai se dar através das perdas, dos limites, da castração, enfim, do estabelecimento do princípio de realidade.

Pensemos agora nas contribuições da Física. Como vimos, até recentemente, o tempo era considerado como algo puramente subjetivo, uma invenção humana (como diria Einstein). Até mesmo nas equações da Física o fator tempo era tido como uma variável de menor importância. Foi somente com a descoberta dos processos irreversíveis que o tempo começou a ganhar *status* de fenômeno físico fundamental. Além do tempo subjetivo, passamos a considerar o tempo do universo e dos fenômenos quânticos. A ciência descreve um universo em expansão que, um dia, também terá fim. Somos, de todos os lados, dos micro aos macrofenômenos, confrontados com a perene realidade do tempo. Parece que reagimos maniacamente a esta realidade, negando o aspecto dinâmico e finito de tudo o que existe. Transformamos o tempo disponível em ausência de tempo, que jamais é suficiente para nossas pretensões. Sobrecarregados de atividades e compromissos, vivemos hoje lutando contra o tempo.

O tempo cronológico e objetivo tornou-se soberano em detrimento do tempo subjetivo e vivenciado. Ficamos à mercê do tempo dos fenômenos concretos e afastamo-nos de nossas medidas individuais de avaliação do tempo. Lembremos aqui do caso clínico de Márcia que demostrava perplexidade diante de seus sentimentos de dor e tristeza, vivenciados depois de apenas dois meses da separação de seu marido.

Se antes só havia o tempo subjetivo, hoje só há o tempo objetivo norteando nossas vidas. A urgência, a velocidade e o ritmo alucinante das grandes cidades poderia revelar uma espécie de "superconsciência do tempo", ou seja, se tudo acaba é preciso aproveitar freneticamente cada segundo. Entretanto, pensamos ser mais plausível considerar que tentamos transcender o tempo, como se pudéssemos vencê-lo e suplantá-lo. Se estivéssemos aproveitando o tempo que temos, teríamos mais momentos de ócio e prazer. *De Masi* (2000), em seu interessante trabalho *O ócio criativo*, oferece-nos uma visão autenticamente otimista da pós-modernidade. Diz que vivemos uma transição da sociedade industrial para a pós-industrial, em que, aos poucos, se vai deslocando a ênfase do trabalho braçal para o intelectual. Pressupõe que, num futuro não muito distante, estaremos usufruindo o tempo ocioso, matéria-prima da criatividade.

Desincumbidos das tarefas manuais, que serão, cada vez mais, executadas pelas máquinas, e instalados confortavelmente diante da tela do computador, de onde poderemos resolver a quase-totalidade de nossas necessidades, teremos tempo livre para escolher e viver com prazer.

Apesar de considerarmos essa visão um tanto romântica e idealizada da realidade e do ser humano, pensamos em terminar este trabalho com alguma matiz de esperança. Como o futuro é, por excelência, o tempo da realização de nossos projetos, a esperança é indispensável para todos nós.

Os projetos dos indivíduos transcendem o intervalo físico de sua existência: ele nunca morre tendo explicitado todas as suas possibilidades. Antes, morre na véspera: e alguém deve realizar suas possibilidades que ficaram latentes, para que se complete o desenho de sua vida.

Ecléa Bosi (1994)

V – CONSIDERAÇÕES FINAIS

Chegamos ao fim desta trajetória... Refletimos tanto sobre o tempo e, neste momento, nos confrontamos com seu caráter perene e irreversível.

Finalizar este trabalho significa, também, ter a consciência de que novas pesquisas podem e devem ser feitas tendo por base este tema.

Poder-se-ia investigar como as velocidades cada vez maiores no funcionamento dos computadores vêm repercutindo no modo das pessoas relacionarem-se com o mundo; como a Internet vem influenciando as relações interpessoais; qual a noção que o adolescente de hoje tem do tempo, etc. Essas são apenas algumas das inúmeras questões suscitadas por este estudo. Em nossa sede de eternidade poderíamos acalentar a idéia de que também este trabalho continua, não tem fim... No entanto, sabemos que é preciso terminar para, futuramente, gestarmos novas idéias.

Certa nostalgia permanece, mas parece que isto faz parte da experiência subjetiva com o tempo. Sabemos que a luz das estrelas que hoje vemos no céu, já não mais as iluminam há milhões de anos: a imagem que temos do universo pertence ao passado. De maneira semelhante, a experiência humana é constantemente permeada pelo passado: sensações, sentimentos e emoções são vivenciados hoje como se fossem inéditos e gerados por eventos e circunstâncias do presente. Pela ótica psicanalítica, sabemos que vários desses conteúdos psíquicos se originam de experiências precoces de nossas vidas e que reaparecem no presente desencadeados por situações atuais que "lembram" as pregressas.

Assim, não podemos mais nos ater a noções estanques de passado, presente e futuro. Vivemos, sobretudo, de relações dialéticas entre os vários estratos do tempo. O presente é o futuro do passado; o futuro é o presente-passado de nossas fantasias; o passado é a matriz de todos os outros tempos e, como toda mãe, nos acompanha pela vida afora.

Relendo mais uma vez tudo o que escrevemos, damos-nos conta de quanto mais poderíamos ter dito. Esta é uma angústia inerente à passagem do tempo: quanto mais conhecemos, mais temos a impressão de nossa própria ignorância. Novamente podemos lembrar *Borges* (1996) para quem, felizmente, nunca saberemos tudo sobre o tempo; ficaremos com a angústia que nós moverá a conhecer mais e mais.

O limite, o fim, a castração se nos impõem: nem nós nem nossas obras atingirão a completude. É a própria desconstrução de nossas fantasias narcísicas de onipotência.

Este é apenas um trabalho, entre tantos outros. Apesar disso, esperamos que suscite indagações e novas reflexões.

VI – REFERÊNCIAS BIBLIOGRÁFICAS

AGOSTINHO, S. Confissões. In: *Os Pensadores*. São Paulo, Editora Nova Cultural, 1999.

ANDRADE, A. *As Duas Faces do Tempo*. São Paulo, Livraria José Olympio, 1971.

ANDRADE, C. D. *Boitempo e a Falta que Ama*. Rio de Janeiro, Livraria José Olympio Editora, 1976.

ARANTES, P. E. Hegel. *A Ordem do Tempo*. São Paulo, Editora Polis, 1981.

ARRUDA, P. C. V. Conceito de Medicina Psicossomática. In: LAUDANNA, A. A. *Gastroenterologia Clínica*. São Paulo, Livraria Editora Santos, 1990.

ARRUDA, P. C. V. O Adoecer como Forma de Perturbação Homeostática. *Boletim de Psiquiatria*, v. 27, n. 2, p. 23-26, 1994.

AUGUSTO, M. H. O. Tempo e Indivíduo na modernidade: O sentido da morte. In: *Tempo e Poder*. São Paulo, Universidade de São Paulo, 1992. (Série Estudos sobre o tempo, Instituto de Estudos Avançados, v. 6)

BABTISTA, M. L. A. Tempo e Espaço em Psicanálise. *Jornal de Psicanálise*, v. 29, n. 54, p. 55-75, 1996.

BACHELARD, G. *A Dialética da Duração*. São Paulo, Editora Ática, 1994.

BARBOSA, J. A. Pós-moderno e Literatura. In: CHALHUB, S. ed. *Pós-Moderno e: Semiótica, Cultura, Psicanálise, Literatura, Artes Plásticas.* Rio de Janeiro, Imago Editora, 1994.

BAUDRILLARD, J. *A Sociedade de Consumo.* Rio de Janeiro, Elfos Editora, 1995.

BERMAN, M. *Tudo que é Sólido Desmancha no Ar – A Aventura da Modernidade.* São Paulo, Companhia das Letras, 1987.

BIANCHI, H. *O Eu e o Tempo e: Psicanálise do tempo e do envelhecimento.* São Paulo, Casa do Psicólogo, 1993.

BINDÉ, M. J. *L'Ethique du Futur – Porquoi Fault – Il Retrouver le Temps Perdu?* 3^{éme} RÉUNION DE L'AGENDA DU MILLENIUM. Anais. Rio de Janeiro, 1998.

BION, W. R. *Seminarios de Psicoanálisis.* Buenos Aires, Editorial Paidos, 1978.

BITENCOURT, A. L. *A Regressão ou em Busca do Tempo: Perdido?* Trieb, n. 2, p. 15-18, 1992.

BLEICHMAR, N. B.; BLEICHMAR, C. L. *A Psicanálise Depois de Freud – Teoria e Clínica.* Porto Alegre, Editora Artes Médicas, 1992.

BORGES, J. L. *Cinco Visões Pessoais.* Brasília, Editora UNB, 1996.

BOSCHAN, P. J. Temporalidad y Narcisismo. *Psicoanálisis AP de BA,* v. 13, n. 1, p. 28-41, 1991.

BOSI, A. O Tempo e os Tempos. In: Novaes, A., ed. *Tempo e História.* São Paulo, Editora Schwarcz Ltda., 1996.

BOSI, E. *Memória e Sociedade: Lembranças de Velhos.* São Paulo, Companhia das Letras, 1994.

BRONOWSKI, J. *O Senso Comum da Ciência.* São Paulo/Belo

Horizonte, Editora Itatiaia e Editora Universidade de São Paulo, 1977. (Série O homem e a ciência, v. 4)

BRUNI, J. C. O Tempo na Filosofia. In: Augusto, M. H. O., Ed. *Estudos Avançados* – Coleção Documentos – Série Estudos Sobre o Tempo. São Paulo, Universidade de São Paulo, 1989.

CHAUÍ, M. H. *Introdução à História da Filosofia: dos pré-socráticos a Aristóteles*. São Paulo, Editora Brasiliense, 1994. v. 1.

COHEN, A. P. *Comentários Acerca de la Vocacionsus Relaciones com la Adolescencia y la Pasion*. AP de BA. Anais. Buenos Aires, 1995.

DE MASI, D. *O Ócio Criativo*. Rio de Janeiro, Sextante, 2000.

DUPARC, F. Le Temps en Psychanalyse, Figurations et Construction. Ver. Française de Psychanalyse, n. 5, p. 1429-587, 1997.

EINSTEIN, A. In: *Larousse Cultural, Grande Enciclopédia*. São Paulo, Plural Editora e Gráfica, 1998.

FERNANDEZ, A. F. *Fundamentos de la Psiquiatría Actual*. Madri, Editorial Paz Montalvo, 1979.

FERREIRA, A. B. H. *Novo Dicionário*. Rio de Janeiro, Editora Nova Fronteira, 1986. [Verbete Tempo]

FORTES, L. R. S. *O Iluminismo e os Reis Filósofos*. São Paulo, Editora Brasiliense, 1981.

FRAISSE, P. PERCEPCION, Y Estimacion del Tiempo. In: Piaget, J.; Fraisse, P.; Vurpillot; Francès, R. *La Percepción*. Buenos Aires, Editorial Paidós, 1973.

FREUD, S. *Obras Completas*. Madri, Editorial Biblioteca Nueva, 1973.

GABBI Jr., O. F. *O Tempo e o Inconsciente*. IDE, v. 17, p. 21-5, 1989.

GAGNEBIN, J. M. Dizer o Tempo. In: *Cadernos de Subjetividade.* São Paulo, Pontifícia Universidade Católica, 1994. (Programa de Estudos Pós-Graduados em Psicologia Clínica da PUC-SP, v. 2, n. 1-2).

GIDDENS, A. *As Conseqüências da Modernidade.* Oeiras, Celta Editora, 1992.

GLEZER, R. Tempo e os Homens. In: *Tempo e Poder.* São Paulo, Universidade de São Paulo, 1992. (Série Estudos sobre o tempo, Instituto de Estudos Avançados, v. 6)

GOLDFARB, D. C. *Corpo, Tempo e Envelhecimento.* São Paulo, Casa do Psicólogo, 1998.

GONDAR, J. A Multiplicidade de Tempos na Metapsicologia. In: Katz, C. S., ed. *Temporalidade e Psicanálise.* Petrópolis, Editora Vozes Ltda., 1996, p. 127-71.

GOULD, S. J. *Seta do Tempo-Mito e Metáfora na Descoberta do Tempo Geológico.* São Paulo, Companhia das Letras, 1991.

GREEN, A. *Conferências Brasileiras de André Green.* Rio de Janeiro, Imago Editora, 1990.

HAGELIN. A. Psicogenesis de la Nocion de Tiempo. *Psicoanálisis AP de BA*, v. 13, n. 1, p. 95-115, 1991.

HANSEN, J. A. Pós-moderno e Cultura. In: CHALHUB, S. ed. *Pós-Moderno e: Semiótica, Cultura, Psicanálise, Literatura, Artes Plásticas.* Rio de Janeiro, Imago Editora, 1994.

HARTOCOLLIS, P. *Origins of Time – A Reconstruction of the Ontogenetic Development of the Sense of Time Based on Object Relations Theory.* PQ, v. 43, p. 243-61, 1974.

HARVEY, D. *Condição Pós-Moderna.* São Paulo, Edições Loyola, 1998.

HAWKING, S. W. *Breve História do Tempo: Do Big-Bang aos Buracos Negros.* Rio de Janeiro, Editora Rocco, 1997.

HEIDEGGER, M. *Ser e Tempo.* Petrópolis, Editora Vozes, 1996.

JAMESON, F. *Pós-Modernismo – A Lógica Cultural do Capitalismo Tardio.* São Paulo, Editora Ática, 1996.

KANT, E. Crítica da razão pura. In: *Os Pensadores.* São Paulo, Editora Nova Cultural, 1999.

KURZ, R. A expropriaçãp do tempo. *Folha de S.Paulo*, São Paulo, 3 jan.1999. p. 3.

LACAZ, C. S.; MAZZIERI, B. R. *A Obra Poética de Durval Marcondes.* São Paulo, Lemos Editorial, 1997.

LAPLANCHE, J.; PONTALIS, J. B. *Vocabulário de Psicanálise.* São Paulo, Martins Fontes, 1997.

LAROUSSE, C. *Grande Enciclopédia.* São Paulo, Plural Editora e Gráfica, 1998. [Verbete Tempo]

LOSEE, J. *Introdução Histórica à Filosofia da Ciência.* São Paulo/ Belo Horizonte, Editora Itatiaia e Editora da Universidade de São Paulo, 1979. (Série O homem e a Ciência, v. 5.)

LYOTARD, J. F. *O Pós-Moderno.* Rio de Janeiro, José Olympio Editora, 1993.

MACHADO, A. *Neuranatomia Funcional.* São Paulo, 2000.

MALPIQUE, C. *Le Temps Comme Objet Persecutoire.* 57ÉME CONGRÈS DES PSYCHANALYSTES DE LANGUE FRANÇAISE DES PAYS ROMANS. Anais. Paris, 1997, p. 49-59.

MARCONDES FILHO, C. *Cenários do Novo Mundo.* São Paulo, Edições NTC, 1998.

MARCONI, M. A.; LAKATOS, E. M. *Técnicas de Pesquisa*. São Paulo, Editora Atlas, 1999.

MARÍAS, J. *História da Filosofia*. Porto, Edições Souza e Almeida, 1959.

MELTZER, D. *Exploracion del Autismo*. Buenos Aires, Editorial Paidos, 1979.

MILLAN, F. *Notas e um Poema*. São Paulo, Fernando Millan Ed., 1987.

MONDOLFO, R. *O Infinito no Pensamento da Antiguidade Clássica*. São Paulo, Editora Mestre Jou, 1968.

MORIN, E. *Meus Demônios*. Rio de Janeiro, Editoras J.A., 1997.

NEJAMKIS, J. El Tiempo del Inconsciente. *Psicoanálisis AP de BA*, v. 13, n. 1, p. 167-87, 1991.

NOVAES, A. Sobre o tempo e história. In: Novaes, A. ed. *Tempo e História*. São Paulo, Editora Schwarcz, 1996.

NOVELLO, M. Os diferentes vazios e os diferentes tempos da cosmologia. In: KATZ, C. S., ed. *Temporalidade e Psicanálise*. Petrópolis, Editora Vozes, 1996. p. 127-71.

OGARA, R. C.; SALORIO, B. D.; LÓPEZ IBOR ALIÑO, J. J. *Psiquiatria*. Barcelona, Ediciones Toray S.A., 1981.

PELBART, P. P. O tempo não reconciliado. In: KATZ, C. S., ed. *Temporalidade e Psicanálise*. Petrópolis, Editora Vozes, 1996.

PFEIFFER, M. L. Tiempo Objetivo, Tiempo Subjetivo, Tiempo Trascendental – Tres Consideraciones Acerca de la Temporalidad. In: Rovaletti, M. L., ed. *Temporalidad – El Problema del Tiempo en el Pensamiento Actual*. Buenos Aires, Lugar Editorial, 1998.

PIETTRE, B. *Filosofia e Ciência do Tempo*. Bauru, Edusc, 1997.

PONTES, ELOY. *Ironia e Desencanto*. Livraria José Olympio Editora, Rio de Janeiro, 1949.

PRESS, J. *Perception du Temps, Atemporalité de L'Inconscient et Univers de Perception Du Ça*. 57ÉME CONGRÈS DES PSYCHANALYSTES DE LANGUE FRANÇAISE DES PAYS ROMANS. Anais. Paris, 1997, p. 69-78.

PRIGOGINE, I. *O Fim das Certezas: Tempo, Caos e as Leis da Natureza*. São Paulo, Editora Unesp, 1996.

PRIGOGINE, I.; STENGERS, I. *A Nova Aliança*. Brasília, Editora Universidade de Brasília, 1997.

RIBEIRO, R. Poder do Homem sobre seu próprio tempo. In: *Tempo e Poder*. São Paulo, Universidade de São Paulo, 1992. (Série Estudos sobre o tempo – Instituto de Estudos Avançados, v. 6)

ROUDINESCO, E. *Por que a Psicanálise?* Rio de Janeiro, Jorge Zahar Editor, 2000.

RUBIO, E. L. La Flecha del Tiempo en el Inconsciente. *Revista Sociedad Colombiana de Psicoanálisis*, v. 23, n. 2, p. 244-53, 1998.

SANTAELLA, L. Pós-moderno e Semiótica. In: CHALHUB, S. ed. *Pós-Moderno e: Semiótica, Cultura, Psicanálise, Literatura, Artes Plásticas*. Rio de Janeiro, Imago Editora, 1994.

SCHROOTS; BIRREN, J. E. Concepts of Time and Aging in Science. In: Birren, J. E.; Schaie, W., ed. *Handbook of the Psychology of Aging*. San Diego, Academic Press, 1990.

SLIFE, B. D. Newtonian Time and Psychological Explanation. *Journal of Mind and Behavior*, v. 16, n. 4, p. 45-62, 1995.

TANIS, B. *Memória e Temporalidade – Sobre o Infantil em Psicanálise*. São Paulo, Casa do Psicólogo, 1995.

TOURAINE, A. *Poderemos Viver Juntos? Iguais e Diferentes.* Petrópolis, Editora Vozes, 1998.

VERGEZ, A; HUISMAN, D. *História dos Filósofos Ilustrada pelos Textos.* Rio de Janeiro, Livraria Freitas Bastos, 1972.

VIRILIO, P. *O Espaço Crítico.* Rio de Janeiro, Editora 34, 1995.

VITE MAGAZINE. *Le Temps Vite.* Centre Pompidou, Paris, 2000.

VIVÈS, J. M. *Le Style Temporel: Du Tempo Basal Av Temps Potentiel. L'Evolucion Psychiatrique*, v. 59, n. 2, p. 263-72, 1994.

WEIL, S. *A Condição Operária e Outros Estudos Sobre a Opressão.* São Paulo, Editora Paz e Terra, 1979.

WILSON, S. *Surrealist Painting.* Oxford, Phaidon Press Limited, 1982.

WINNICOTT, D. W. *Da Pediatria à Psicanálise.* Rio de Janeiro, Livraria Francisco Alves Editora, 1982.

_____. *O Ambiente e os Processos de Maturação.* Porto Alegre, Editora Artes Médicas, 1983.

_____. *O Brincar e a Realidade.* Rio de Janeiro, Imago Editora Ltda., 1975.

BIBLIOGRAFIA CONSULTADA

CALCANHOTO, A. Esquadros. In: Calcanhoto, A. *Senhas.* Rio de Janeiro, Gravadora Columbia, 1992.

CUNHA, A. C. *Estrutura e Apresentação de Dissertações e Teses.* São Paulo, Universidade de São Paulo, Faculdade de Medicina, Serviço de Biblioteca e Documentação, 1996.

FÉDIDA, P. *Absence, Temps et Symbolisation. Psychanalyse à L'Université*, v. 9, n. 3, p. 113-146, 1977.

GREEN, A. Le Temps Mort. *Nouvelle Revue de Psychanalyse*, v. II, p. 103-9, 1975.

LOBO, E.; HOLLANDA, C. B. Beatriz. In: Hollanda, C. B. *Chico Buarque letra e música.* São Paulo, Companhia das Letras, 1989, p. 201.

PELBART, P. P. *A Nau do Tempo Rei: Sete Ensaios Sobre o Tempo da Loucura.* Rio de Janeiro, Inácio Editora, 1993.

ROZENBERG, M. *Os Sentidos do Tempo na Relação Analítica.* IDE, v. 29, p. 13-22, 1996.

Impressão Digital:

Tel.: 11 2769-9056